차례

머리말 5

응시 전에
시험 안내 6
영역별 안내 8

Modelltests
Modelltest 1 23
Modelltest 2 47
Modelltest 3 71

정답
Modelltest 1 96
Modelltest 2 100
Modelltest 3 104

* 교재에 수록된 지문의 내용은 허구이며, 실제 사실과는 다를 수 있습니다.

머리말

<독독독 독일어 모의고사 Modelltest für Goethe-Zertifikat A2>를 보고 계신 여러분은 이미 A2 공부를 마치고, 이제 A2 단계를 마무리 짓고 싶을 것입니다. 그리고 독일어권 대학에 진학하기 위해 A2 어학 자격증을 취득하려는 분일 것입니다.

본 교재는 위와 같은 학습자를 대상으로 Goethe-Zertifikat A2의 실제 시험 유형을 익히고 준비하는 데 도움을 주고자 제작되었습니다. 여러분은 이 교재를 시험 직전에 유형을 파악하는 용도로 사용할 수도 있고, 혹은 시험에 응시하지 않더라도 자신의 실력이 어느 정도인지 확인하는 용도로 사용할 수도 있습니다.

위와 같은 목적에 충실한 교재를 만들기 위해, 전반적인 시험 안내와 모의고사 3회라는 간결한 구성으로 교재를 제작하였습니다. 덕분에 분량은 부담 없지만, 그만큼 더 목표에 집중한, 깊이 있는 교재를 제작할 수 있었습니다. 군더더기 없이 꼭 필요한 내용을 원하는 학습자에게 맞춤 교재가 될 것입니다.

교재 구성 및 중요 안내

본 교재는 크게 세 부분으로 나뉩니다. 첫 번째 부분인 **응시 전에**는 전반적인 Goethe-Zertifikat A2 시험 안내를 실었고, **Modelltests**에는 실제 시험 유형에 맞는 모의고사 3회분을, 마지막에는 **정답**을 실었습니다.

- **응시 전**에는 시험 소개, 응시 원서 접수 방법, 시험 구성 등 사전에 알아야 할 사항을 앞에 밝혔습니다. 이어서 시험 진행 순서와 방식 등 Goethe-Zertifikat A2 시험이 어떻게 진행되고 문제 유형이 어떠한지 상세히 설명하여 실제 시험을 볼 때 도움이 될 수 있도록 하였습니다.

- **Modelltests**에는 시험을 보는 감각과 경험을 최대한 재현할 수 있도록 문제를 배치하고 출제하였으니, 이 점을 충분히 활용하여 실제 시험을 보듯이 시간을 맞춰서 모의고사를 풀어 보시기 바랍니다. 모의고사에 실은 문제는 A2 수준에 맞는 내용과 시험 출제 의도를 충분히 반영하여 시험 준비에 실질적으로 도움이 될 수 있도록 연구한 결과입니다.

- **중요! 듣기 시험 음성**은 Hören 시험 첫 장에 있는 QR 코드에 연동된 주소에서 들을 수 있습니다. 듣기 음성 파일은 하나의 모의고사당 1개의 파일로 만들어져 있으며, 해당 음성 파일은 실제 시험시간을 고려하여 음성 시작부터 끝부분까지 실제 시험시간 내 정답 작성 시간이 포함되도록 제작되었습니다. 듣기 시험 시작 직전 파일을 재생하시고 파일 재생이 끝나기 전 반드시 모든 Teil의 정답 체크를 완료해야 합니다. 듣기 시험 Teil 간 아무 음성이 들리지 않는 재생 시간 안에 해당 Teil 정답을 체크해야 합니다.

- **정답**에는 듣기, 읽기 시험 정답과 쓰기, 말하기 시험 예시 정답을 실었습니다. 여기에 더해 좀 더 깊이 학습하고 싶은 분을 위해 각 Modelltest 정답에 정답 해설과 듣기 지문을 내려받을 수 있는 QR 코드를 함께 제공해 드립니다.

이제 준비되셨나요?

Wir wünschen Ihnen viel Erfolg und Spaß mit den Übungsprüfungen und drücken Ihnen die Daumen für die Zertifikatsprüfung.

Toi toi toi!

시험 안내

Goethe?

Goethe-Zertifikat는 독일 문화원 (Goethe-Institut, 괴테 인스티투트)에서 주관하는 CEFR(유럽 언어 공통 기준)에 따라 외국어 능력을 평가하는 어학 시험입니다. Goethe-Zertifikat 어학 자격증은 국제적으로 인정받고 실시되는 공인 어학 자격증으로, 한국을 포함한 90개국 이상의 괴테 인스티투트에서 응시할 수 있습니다.

그 가운데 본 교재가 다루는 Goethe-Zertifikat A2는 유럽 언어 공통 기준에 따라 괴테 인스티투트가 만든 독일어 능력 인증 시험입니다.

원서 접수

- Goethe-Zertifikat A2 시험은 괴테 인스티투트 홈페이지를 통하여 온라인으로만 접수가 가능합니다.
- 시험 신청 시에 goethe.de 가입은 필수이며, 빠른 온라인 접수를 위해서 접수 전에 미리 가입하시길 권장합니다.
- 온라인 접수 시 카드 결제를 선택한 경우 등록확인서가 첨부된 메일을 받습니다.
- 다른 결제 수단 (계좌이체 또는 현장 지불)을 선택하면 청구서가 첨부된 예약 확인 메일이 발송됩니다.
- 시험 신청 다음 날까지 결제가 확인되지 않으면 시험 접수는 자동 취소됩니다.
- 수험료 결제를 완료한 수험생에게는 시험 신청 기간이 종료된 후 업무일 기준 7일 이내로 수험표와 시험 안내문이 메일로 발송됩니다.

준비물

- 신분증[1]
- 검은색 볼펜 (0.7mm 권장) / 연필, 컴퓨터용 사인펜, 수정테이프는 사용 불가합니다.
- 아날로그 손목시계 (전자식은 불가하며 필수 준비물은 아닙니다. 고사장 내 시계 준비 여부는 시험 장소 사정에 따라 달라질 수 있습니다)
- 사전, 전화기, 기타 전자 기기 등은 사용할 수 없습니다.

응시 대상

- 간단한 수준인 독일어 실력을 증명하려는 사람
- A2 단계 수료를 증명하려는 사람
- 세계적으로 인증받을 수 있는 공식 증명서를 원하는 사람

---

[1] **대학생/일반인:** 주민등록증, 운전면허증, 기간 만료 전인 여권(주민등록번호가 없는 여권은 '여권 정보 증명서'를 함께 제시해야 신분증으로 인정)
초/중/고생: 청소년증, 학생증, 기간 만료 전인 여권(주민등록번호가 없는 여권은 '여권 정보 증명서'를 함께 제시해야 신분증으로 인정)
외국인: 외국인 등록증, 기간 만료 전인 여권

구성

읽기 30분

짧막한 신문 기사, 이메일, 광고 및 공공 안내판을 읽고 그와 관련된 문제를 풉니다.

듣기 30분

일상대화, 안내 및 라디오 인터뷰, 전화 메시지, 공공장소에서의 안내 방송을 듣고 그와 관련된 다양한 문제를 풉니다.

쓰기 30분

직접적인 생활 환경과 관련된 메시지를 작성합니다.

말하기 15분

질문과 답변을 통해 자신의 생활을 소개하고, 파트너와 함께 어떤 것을 약속하거나 계획합니다.

응시 요건

- Goethe-Zertifikat A2는 성인을 위한 독일어 시험입니다.
- 기본적인 어학 능력을 전제로 하며, 유럽공통참조기준(GER)이 정하는 총 6단계 능력 척도 중 두 번째 단계(A2)에 해당합니다.
- 이 단계에 도달하기 위해서는 사전 지식과 학습 요건에 따라 약 200~350 수업 단위(단위당 45분)를 이수를 권장합니다.

합격증이 인증하는 독일어 능력

- 일상생활에서 쓰는 문장과 표현을 이해하고 사용할 수 있습니다.
- 익숙하고 반복되는 주제와 관련이 있는 정보를 교환하는 상황에서 간단한 방법으로 의사소통할 수 있습니다.
- 간단한 방법으로 자신과 직접 연관이 있는 사항을 표현할 수 있습니다.

성적 확인과 합격증 수령

- 시험 결과는 주한독일문화원의 goethe.de에 공지된 성적 발표 일시에 확인할 수 있습니다.
- 최초 발급된 합격증은 우편 또는 방문을 통해 수령 가능합니다.

영역별 안내

Lesen 읽기 · 30분

읽기 시험의 목표는 정보습득과 지시 이해이며, 네 부분으로 나뉩니다. 배점은 문항당 1점씩이며, 해당 점수는 정수로 반올림한 뒤 1.25를 곱하여 25점 만점으로 환산합니다.

Teil	목표	지문 종류	문제 유형	문항 수, 배점
1	전체적 읽기	짧은 기사	삼지선다	5
2	선택적 읽기	안내문	삼지선다	5
3	상세히 읽기	이메일	삼지선다	5
4	선택적 읽기	짧은 광고	짝 맞추기	5

Hören 듣기 · 30분

듣기 시험의 목표는 정보 습득과 지시 이해이며, 네 부분으로 나뉩니다. 배점은 문항당 1점씩이며, 해당 점수는 정수로 반올림한 뒤 1.25를 곱하여 25점 만점으로 환산합니다.

Teil	목표	지문 종류	문제 유형	문항 수, 배점
1	선택적 듣기	짧은 안내 음성	삼지선다	5
2	상세히 듣기	일상 회화	짝 맞추기	5
3	전체적 듣기	짧은 일상 회화	짝 맞추기	5
4	상세히 듣기	인터뷰	옳고 그름 고르기	5

Schreiben 쓰기 · 30분

쓰기 시험의 목표는 정보 습득과 지시 이해이며 두 부분으로 나뉩니다. 배점은 문항당 10점씩이며, 해당 점수는 정수로 반올림한 뒤 1.25를 곱하여 25점 만점으로 환산합니다.

Teil	형식	글의 종류	문제 유형	문항 수	배점
1	친구에게 쓰기	편지	메시지 쓰기	1 (20~30자)	10
2	공식적으로 쓰기	편지	이메일 쓰기	1 (30~40자)	10

Sprechen 말하기 · 15분

말하기 시험은 다른 응시자와 대화 상대로 짝을 지어 진행합니다. 세 부분으로 나뉩니다. 각 문항당 배점에 추가로 발음에 대한 점수가 5점 배정되어 총 25점 만점입니다.

Teil	목표	유형	시간(분)	배점
1	일상 대화	제시어 말하기	약 1.5 (1인)	4
2	자기 소개	주제에 관하여 말하기	약 3 (1인)	8
3	공동 활동에 관해 계획하기	대화	5	8
		발음		5

시험 진행에 앞서

전체 시험 일정은 크게 두 부분으로 나뉩니다. 먼저 지필 시험에 해당하는 읽기, 듣기, 쓰기 시험을 진행합니다. 소요 시간은 대략 90분가량이며 중간에 쉬는 시간은 없습니다. 그 뒤 구술시험을 진행합니다. 구술시험은 지필 시험과 같은 날에 진행할 수도, 다른 날에 진행할 수도 있으며, 이는 괴테 인스티투트 홈페이지의 시험 일정 및 안내에서 확인할 수 있습니다.

지필 시험의 답은 답안 작성지인 Antwortbogen에 검은색 펜으로 작성합니다. 유형에 따라 답을 옮겨적는 시간이 주어질 수도, 주어지지 않을 수도 있습니다. 문제를 다 풀고 나서 나중에 한 번에 Antwortbogen에 옮겨 적기에는 시간이 부족하니 가능하면 문제를 풀면서 Antwortbogen에도 답을 기입하기를 추천해 드립니다. 문제지인 Aufgabenheft에 적은 내용은 채점에 반영되지 않습니다.

구술시험은 보통 다른 응시자와 짝을 지어 진행되지만, 혹시라도 구술시험 응시자 수가 홀수라 짝이 없는 경우 시험관 중 한 명이 대화 상대를 맡습니다.

각 시험 영역별 점수는 25점이며, 총점수를 산출하기 위해 각 시험 영역별로 취득한 점수를 합산한 뒤 정수로 반올림합니다. 총점수 100점 만점 중 지필 시험에서는 최소 45점, 구술시험에서는 최소 15점을 획득하여 최소 60점(만점의 60%)을 취득해야 합격으로 처리합니다.

총점	성적
100~90	sehr gut
89~80	gut
79~70	befriedigend
69~60	ausreichend
59~0	teilgenommen

시험 진행

지필 시험

1. Aufgabenheft와 Antwortbogen을 나눠 줍니다. 개인 정보란을 우선 채우세요.
2. 먼저 읽기 시험부터 시작합니다.
3. 30분간 진행되는 읽기 시험이 끝나면 쉬는 시간 없이 바로 시험 감독관은 듣기 시험을 위해 녹음기를 재생합니다.
4. 약 30분간의 듣기 시험이 끝나면 이어서 쓰기 시험이 시작됩니다. 30분간의 쓰기 시험이 끝나면 나누어 주었던 모든 종이를 시험 감독관이 회수합니다.

구술시험

1. 시험관은 두 명이며 시험관이 우선 자신을 소개한 뒤 응시자들의 이름, 출신지 등을 물어봅니다. 그 후 모든 시험 과제를 설명하고 시험 진행을 안내합니다.
2. 부분 1은 과제 제시 카드를 이용하여 4개의 질문에 답하는 형식입니다. 총 약 3분 동안 진행합니다.
3. 응시자 1과 2가 차례대로 마치면 시험관이 부분 2로 진행하며 주제를 제시합니다. 부분 2는 약 7분 동안 진행하며, 한 사람에게 할당된 시간은 약 3분입니다.
4. 응시자 1과 2가 차례대로 마치면 시험관이 부분 3으로 진행하며 주제를 제시합니다. 부분 3은 약 5분 동안 진행합니다.
5. 부분 3까지 마치면 시험관은 시험 종료를 알립니다.

영역별 상세 안내

Lesen 읽기

읽기 시험은 30분 동안 진행됩니다. 가능하면 문제를 풀면서 Antwortbogen에도 답을 기입하기를 추천해 드립니다.

Teil 1

신문 기사를 읽고 문제 다섯 개를 푸는 문제입니다. 각 문제에는 a, b, c로 보기가 세 개 있으며, 기사 본문에 기반하여 답변을 골라야 합니다. 배점은 문항당 1점입니다.

예제

기사에 나오는 Jan이 양로원과 어떤 관계에 있는지를 묻습니다. 기사에서 어떻게 소개하였는지를 잘 살펴야 합니다.

Beispiel

Jan Spitzer ist ein Pfleger im Seniorenheim. Obwohl der Job nicht leicht ist, macht Jan die Arbeit gerne. […]

0 Jan ist …

- [a] ein Bewohner eines Seniorenheimes.
- [☒] im Seniorenheim angestellt.
- [c] oft im Seniorenheim zu Besuch.

Teil 2

여러 정보가 적힌 안내판 또는 안내문 등을 읽고 다섯 문제를 풀어야 합니다. 각 문제에는 a, b, c로 보기 세 개가 있으며 문제가 제시하는 상황에 알맞은 답변을 골라야 합니다. 배점은 문항당 1점입니다.

예제

무언가를 먹고 휴식도 취하고 싶으면 몇 층으로 가야 하는지 살펴야 하는 문제입니다.

Beispiel

Halle 5	Imbiss: Direkt aus dem Garten

0 Sie möchten etwas essen und eine Pause machen.

- [a] Halle 3
- [☒] Halle 5
- [c] andere Halle

Teil 3

이메일을 읽고 a, b, c 중에서 각 문항에 맞는 답을 고르는 문제입니다. 해당 번호에는 X표시를 합니다. 배점은 문항당 1점입니다.

예제

Gerold가 어디에 다시 가고싶어 하는지를 찾는 문제입니다. 주어진 내용을 꼼꼼하게 확인해야 합니다.

Beispiel

> Liebe Elfriede,
>
> entschuldige die späte Antwort. Ich habe deine E-Mail erst jetzt gelesen, weil ich im Urlaub war. Ich habe eine Woche Urlaub in Italien mit meiner Familie gemacht. Jetzt sitze ich wieder an meinem Schreibtisch und wünsche, ich könnte zurück. [...]
>
> Bis bald!
> Gerold

0 Gerold will wieder zurück ...

- a nach Deutschland.
- b in sein Heimatland.
- ☒ nach Italien.

Teil 4

신문이나 인터넷에서 볼 수 있는 공고 내지는 광고가 여섯 개 제시되고 각 문항에 맞는 항목을 고르는 문제입니다. 문항 가운데 하나는 알맞은 항목이 없는데, 해당 번호에는 X표시를 합니다. 배점은 문항당 1점입니다.

예제

Hannah가 호숫가에 있는 작은 별장을 찾고 있다고 합니다. Ferienhaus, See 등 주요 어휘를 잘 확인하는 것이 중요합니다.

Beispiel

0 Hannah sucht ein kleines Ferienhaus am See.　　　　　b

b
> www.bodenseeimmo.de
>
> **Der Traum vom Haus am See**
> Traumhaftes Einfamilienhaus mit zwei Zimmern direkt am See. Ideal für den Sommerurlaub mit dem Partner. Der große Garten mit privatem Seezugang lädt zum Grillen und Entspannen ein. Supermarkt, Apotheke und Bäcker finden Sie im nahegelegenen Ortszentrum.

Hören 듣기

듣기 시험은 쉬는 시간 없이 약 30분 동안 진행됩니다. 실제 상황처럼 주변 소음이 함께 나오는 듣기 지문도 있지만, 받아쓰기가 아니고 필요한 정보만 들으면 되기에 너무 걱정하실 필요는 없습니다. 문제를 풀 때는 먼저 Aufgabeheft에 답을 표시한 다음, 마지막에 Antwortbogen에 옮겨 적으면 됩니다.

> 본 교재의 듣기 시험 음성은 각 Hören 시험 첫 장에 있는
> QR 코드에 연동된 주소에서 들으실 수 있습니다.
> 제공되는 파일은 모든 Teil을 한 번에 재생할 수 있는 파일로,
> 실제 시험처럼 문제 풀이에 임하실 수 있어요!

Teil 1

안내 및 라디오 인터뷰, 전화 메시지, 공공장소에서의 안내 방송 등 여러 가지 상황에 대한 짧은 음성 듣기입니다. 총 다섯 문제로, 음성 다섯 개를 두 번씩 듣고 a, b, c 가운데 질문의 대답으로 적절한 하나를 골라 답하는 문제입니다. 배점은 문항당 1점입니다.

예제

자동응답기에 남겨져 있는 음성을 듣고 Karoline이 Lina와 무엇을 하고 싶어 하는지를 맞히는 문제입니다. 중복되는 단어나 숫자에 휘둘리지 않고 말하고자 하는 정보를 정확히 파악하는 것이 중요합니다.

Beispiel

Frau: Hallo, Lina. Ich bin's, Karoline. Ich rufe wegen Marinas Geschenk an. Du suchst doch noch ein Geschenk, oder? Sie hat letztes Mal von einer roten Tasche geschwärmt. Die Tasche, die sie haben will, kostet circa 80 Euro. Willst du die Tasche mit mir gemeinsam kaufen? Dann muss jeder nur 40 Euro bezahlen.

0 Was möchte Karoline mit Lina machen?

- [a] Sie möchte dieselbe Tasche wie Lina kaufen.
- [☒] Sie möchte mit Lina Marinas Geschenk kaufen.
- [c] Sie möchte Lina 40 Euro geben.

Teil 2

일상 대화를 듣고 보기 아홉 개 가운데 알맞은 정보를 다섯 개 골라서 표를 채우는 문제입니다. 보기 가운데 하나는 이미 예시 답안으로 표기가 되어 있습니다. 대화는 한 번 들려주며 배점은 문항당 1점입니다.

예제

두 사람의 대화를 듣고 여자가 월요일에 무엇을 하는지 맞히는 문제입니다. 요일을 나타내는 단어와 그날의 할 일에 관한 핵심 단어를 잘 듣고 풀어야 합니다.

Beispiel

Mann: Hallo Kathrin, dich habe ich hier noch nie an einem Montag gesehen. Wie geht es dir?
Frau: Hallo Paul! Ja, das stimmt. Mir geht es nicht so gut. Ich bin auf dem Weg ins Krankenhaus. [...]

	0	6
Tag	Montag	[...]
Lösung	f	

Teil 3

짧은 대화문을 듣고 푸는 문제입니다. 총 다섯 문제로 음성 다섯 개를 한 번씩 듣고 a, b, c 세 가지 그림 가운데 질문의 대답으로 적절한 하나를 골라 답해야 합니다. 배점은 문항당 1점입니다.

예제

남자가 가장 좋아하는 음식을 고르는 문제입니다. 비교급과 최상급 형태에 유의하면서 풀어야 합니다.

Beispiel

Frau: Mhm, das sieht alles sehr lecker aus. Sogar die Suppe sieht super aus, obwohl ich gar keine Suppe mag.
Mann: Du magst keine Suppe?
Frau: Nein, ich mag auch kein Curry. Ich esse gerne Pasta und ich liebe Brot und Sandwiches.
Mann: Wirklich? Also, Sandwiches und Curry sind gut. Aber Suppe ist am besten.

0 Was ist das Lieblingsessen des Mannes?

Teil 4

인터뷰를 듣고 푸는 문제입니다. 우선 예제 음성을 두 번 반복해서 들은 뒤, 이어지는 인터뷰 음성을 두 번 연달아 듣고 옳고 그름을 고르는 문제입니다. 배점은 문항당 1점입니다.

예제

인터뷰를 듣고 Alexa가 독일 학교에서 공부를 하고 있는지 아닌지를 맞추는 문제입니다.

Beispiel

Mann: Alexa, Sie leiten eine Sprachschule in Deutschland. Wann haben Sie die Schule eröffnet? [...]

0 Alexa lernt in einer Deutschschule Deutsch.

Ja

Schreiben 쓰기

듣기 시험에 연이어 쓰기 시험이 30분 동안 진행됩니다. 시험이 진행되는 동안 답을 바로 답안지에 적어야 합니다.

Teil 1

지시문과 함께 정보가 세 가지 제공되고 이를 활용해 짧은 메시지를 쓰는 문제입니다. 주어진 정보가 모두 들어가야 하며, 20~30자 사이로 알맞은 양식에 맞춰 적어야 합니다. 배점은 10점입니다.

예제

친구인 Lukas와 만나기로 한 상황에서 지각하게 되었습니다. 지각을 한다는 것, 왜 지각하게 되었는지, 새로운 만남 장소와 일시가 담긴 답장을 써야 합니다.

Beispiel

Sie sind zu spät und schreiben eine SMS an Ihren Freund Lukas.

- Schreiben Sie, dass Sie zu spät sind.
- Schreiben Sie, warum Sie zu spät sind.
- Schreiben Sie einen neue Uhrzeit und einen Treffpunkt.

Hallo, Lukas. Ich komme leider zu spät. Ich musste noch einmal nach Hause gehen, weil ich meine Uhr vergessen hatte. Treffen wir uns um 2 Uhr beim Bäcker? Bis gleich!

Teil 2

부분 1과 마찬가지로 지시문과 함께 정보가 세 가지 제공되고 이를 활용해 짧은 이메일을 쓰는 문제입니다. 주어진 정보가 모두 들어가야 하며, 30~40자 내외로 알맞은 양식에 맞춰 적어야 합니다. 배점은 10점입니다.

예제

상사인 Schmidt씨가 당신을 12월 22일에 회사에서 열리는 크리스마스 파티에 초대하는 메일을 보냈습니다. 초대에 감사한다는 말과 함께 파티에 가지 못한다는 내용, 참석하지 못하는 이유, 좋은 파티가 되었으면 한다는 바람이 담긴 답장을 써야 합니다.

Beispiel

Ihr Chef, Herr Schmidt, hat Ihnen eine E-Mail geschrieben. Er lädt Sie zur Weihnachtsfeier der Firma am 22.12. ein. Antworten Sie auf die E-Mail.

- Bedanken Sie sich und sagen Sie, dass Sie nicht kommen können.
- Schreiben Sie, warum Sie nicht kommen können.
- Wünschen Sie Herrn Schmidt eine gute Party.

Sehr geehrter Herr Schmidt,

vielen Dank für die Einladung. Leider kann ich nicht kommen, weil meine Familie mich besuchen kommt. Wir haben schon eine Reservierung am 22. Dezember. Ich wünsche Ihnen eine tolle Party!

mit freundlichen Grüßen

(Vorname Nachname)

Sprechen 말하기

말하기 시험은 시험관 두 명이 참석한 가운데, 다른 응시자가 대화 상대로 함께 응시하며 총 세 부분으로 나뉩니다. 먼저 시험관이 응시자에게 인사하고 응시자의 정보를 묻습니다. 그 이후 간단히 시험을 소개하고 응시자들의 시험 진행 순서를 정합니다. 소요 시간은 약 15분입니다.

> 만약 질문을 잘 못 들었거나 이해하지 못했을 경우 되물어 볼 수 있습니다.
> „Könnten Sie das bitte wiederholen?" (다시 한번 말씀해 주세요)나
> „Bitte sprechen Sie langsamer!" (더 천천히 말씀해 주세요)를 활용해 보세요!

Teil 1

네 가지 과제 제시 카드를 받은 후, 주제어를 이용하여 네 가지 질문을 만들고, 응시 파트너의 질문에 답하는 시험입니다. 약 3분간 진행됩니다.

Beispiel

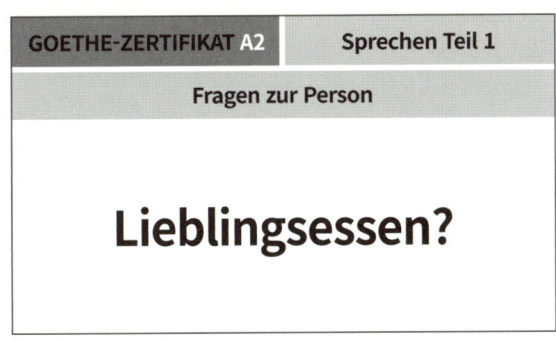 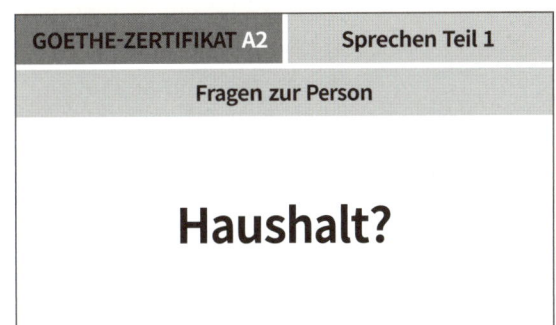

Teilnehmer/in A: Was ist Ihr Lieblingsessen?
Teilnehmer/in B: Mein Lieblingsessen ist Tomatensalat mit frischem Basilikum. Im Sommer ist das sehr lecker.

Teilnehmer/in B: Was machen Sie gerne im Haushalt?
Teilnehmer/in A: Ich mache gar nichts gerne im Haushalt, aber Staubsaugen ist okay.

Teil 2

부분 2에서는 과제 제시 카드에 제시된 주제어를 이용하여 간략하게 자신과 관련된 이야기를 하는 시험입니다. 마지막에는 시험관이 제시하는 1~2개의 질문에 답해야 합니다. 한 사람당 약 3분 동안 진행됩니다.

Beispiel

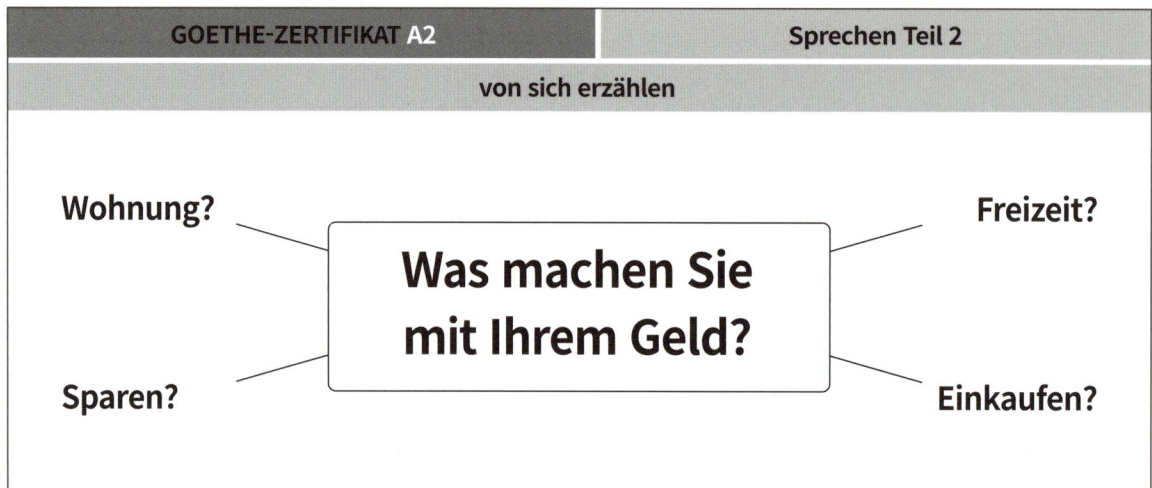

Teilnehmer/in A: Ich habe nicht viel Geld. Meine Wohnung bezahlen meine Eltern. Ich kaufe nur Lebensmittel ein. Manchmal gehe ich mit meinen Freunden Essen oder ins Kino. Ich spare jeden Monat ein wenig Geld, weil ich im Sommer eine Reise machen möchte. Manchmal kaufe ich auch neue Kleidung.

Teil 3

각 응시자가 서로 다른 내용이 적힌 과제 제시 카드를 받고 자신이 받은 카드의 내용을 기반으로 함께 약속을 잡거나 계획을 짜는 시험입니다. 시험관이 과제를 설명하고 응시자에게 각각 정보가 적힌 종이를 나눠줍니다. 약 5분간 진행됩니다.

Beispiel

Ihr Freund Florian ist umgezogen. Sie möchten ihn gemeinsam besuchen und ihm ein Geschenk bringen. Finden Sie einen Termin.

Prüfungsteilnehmer/-in A

Samstag, 25. Februar

09.00	Laufen gehen
10.00	
11.00	Mittagessen kochen
12.00	Mittagessen mit Lars
13.00	
[…]	

Prüfungsteilnehmer/-in B

Samstag, 25. Februar

09.00	
10.00	Hausaufgaben machen
11.00	
12.00	
13.00	Mittagessen mit Tante Anna
[…]	

Teilnehmer/in A : Florian ist umgezogen. Wollen wir ihn am Samstag besuchen?
Teilnehmer/in B : Ja, das ist eine gute Idee. Haben Sie am Samstag um 11 Uhr Zeit?
Teilnehmer/in A : Nein, um 11 Uhr muss ich leider Mittagessen kochen. Wie sieht es um 1 Uhr bei Ihnen aus?
Teilnehmer/in B : Nein, um 1 Uhr esse ich mit meiner Tante zu Mittag. Können Sie um 14 Uhr?
　　　　　　　　　　[…]

MODELLTEST 1

Modelltest 1

Kandidatenblätter

Lesen
30 Minuten

Dieser Prüfungsteil hat vier Teile:

Sie **lesen** eine E-Mail, Informationen und Artikel aus der Zeitung und dem Internet.

Für jede Aufgabe gibt es nur **eine** richtige Lösung.

Schreiben Sie Ihre Lösungen zum Schluss auf den **Antwortbogen**.

Wörterbücher und Mobiltelefone sind **nicht** erlaubt.

Teil 1

Sie lesen in einer Zeitung diesen Text.

Wählen Sie für die Aufgaben 1 bis 5 die richtige Lösung a, b oder c.

Ein Pfleger erzählt

Junge Seelen in alten Körpern

Jan Spitzer ist ein Pfleger im Seniorenheim. Obwohl der Job nicht leicht ist, macht Jan die Arbeit gerne. Er kümmert sich täglich um die Menschen auf seiner Station. Jeden Tag muss er den Bewohnern beim Waschen oder Essen helfen. Außerdem gibt er ihnen ihre Tabletten. Zudem muss er mit den Senioren Karten spielen und einmal in der Woche gibt es eine Tanzstunde für alle, auch für Jan.

„Am meisten gefallen mir die Kaffeekränzchen. Dort kann man immer viele Geschichten hören." Im Seniorenheim gibt es jeden Tag um 14 Uhr Kaffee und Kuchen. Die Pfleger versammeln alle Bewohner im Aufenthaltsraum. Dort wird Kaffee ausgeschenkt und ausgelassen geplaudert. Jan hört dann den Geschichten aufmerksam zu. „Am liebsten höre ich Geschichten über Liebe. Die Bewohner wirken beim Erzählen, als ob sie 20 wären."

Jan denkt, dass die Bewohner weise sind. Die Senioren haben immer gute Sprüche für alle möglichen Situationen. „Irgendwann wird dir alles egal sein." ist sein Lieblingszitat. Der Bewohner, der ihm diesen Spruch gesagt hat, ist leider schon verstorben. „Es ist immer traurig, wenn jemand gehen muss. Jeder Tag mit diesen Menschen ist ein Geschenk." Jan ist jeden Tag dankbar für die Zeit, die er mit den Bewohnern verbringen kann. Die Bewohner des Seniorenheims sind auch dankbar für Jan. Ihre Dankbarkeit macht die Arbeit leichter.

GOETHE-ZERTIFIKAT A2 — Lesen
Modelltest 1 — Kandidatenblätter

Teil 1

Beispiel

0 Jan ist …

- [a] ein Bewohner eines Seniorenheimes.
- [X] im Seniorenheim angestellt.
- [c] oft im Seniorenheim zu Besuch.

1 Die Arbeit von Jan …

- [a] ist nur medizinische Arbeit.
- [b] ist sehr langweilig.
- [c] ist vielseitig und macht ihm Spaß.

2 Die Tanzstunde …

- [a] ist für Pfleger und Bewohner.
- [b] ist nur für die Senioren.
- [c] wird von Jan unterrichtet.

3 Jans Lieblingsgeschichten sind …

- [a] von 20-Jährigen.
- [b] die Liebesgeschichten der Senioren
- [c] Geschichten über weise Senioren.

4 „Irgendwann wird dir alles egal sein", …

- [a] hat ein berühmter, alter Mann gesagt.
- [b] ist das Lieblingszitat der Bewohner.
- [c] hat ein Bewohner gesagt.

5 Jan ist traurig, weil …

- [a] immer wieder Bewohner sterben.
- [b] er Zeit mit den Bewohnern verbringen muss.
- [c] die Bewohner nicht dankbar sind.

Teil 2

Lesen Sie die Informationstafel der Gartenmesse „Blühender Garten".

Lesen Sie die Aufgaben 6 bis 10 und den Text.
In welche Halle gehen Sie?
Wählen Sie die richtige Lösung a , b oder c .

Beispiel

0 Sie möchten etwas essen und eine Pause machen.

- a Halle 3
- ☒ Halle 5
- c andere Halle

6 Sie möchten Ihrer Mutter einen Blumenstrauß mitbringen.

- a Halle 2
- b Halle 1
- c andere Halle

7 Ihr Großvater arbeitet gerne im Garten und braucht eine neue Schaufel.

- a Halle 4
- b Halle 2
- c andere Halle

8 Sie haben ein neues Haus und möchten einen professionellen Garten.

- a Halle 3
- b Halle 4
- c andere Halle

9 Ihre Tochter möchte nächste Woche Pilze sammeln gehen.

- a Halle 2
- b Halle 5
- c andere Halle

10 Sie haben eine kranke Pflanze zu Hause.

- a Halle 1
- b Halle 2
- c andere Halle

Teil 2

Gartenmesse: Blühender Garten

Halle 1 **Blumen**
- Schnittblumen
- Blumentöpfe
- Balkonblumen
- Blumensträuße
- Blumenquiz: Was duftet hier
- Workshop: Blumenstrauß binden

Halle 2 **Grünpflanzen**
- Büsche
- Bäume
- Zimmerpflanzen
- Hecken-Labyrinth
- Workshop: Bonsai-Bäume ziehen

Halle 3 **Gartenmöbel**
- Tische und Stühle
- Brunnen
- Figuren und Kunst im Garten
- Blumentöpfe und Dekorationen
- Entspannende Gartenlounge

Halle 4 **Pflanzenpflege**
- Dünger
- Samen
- Gießkannen
- Bewässerungssysteme
- Gartenwerkzeug
- Workshop: Gesunder Garten

Halle 5 **Essbarer Garten**
- Kräuterpflanzen
- Gemüsepflanzen
- Obstbäume
- Imbiss: Direkt aus dem Garten
- Workshop: Essbare Pilze erkennen

Halle 6 **Literatur und Information**
- Fachliteratur und Zeitschriften
- Expertenvorträge
- professionelle Beratung
- Schaugärten
- Ideen für Kleingärten

Teil 3

Sie lesen eine E-Mail.

Wählen Sie für die Aufgaben 11 bis 15 die richtige Lösung a, b oder c.

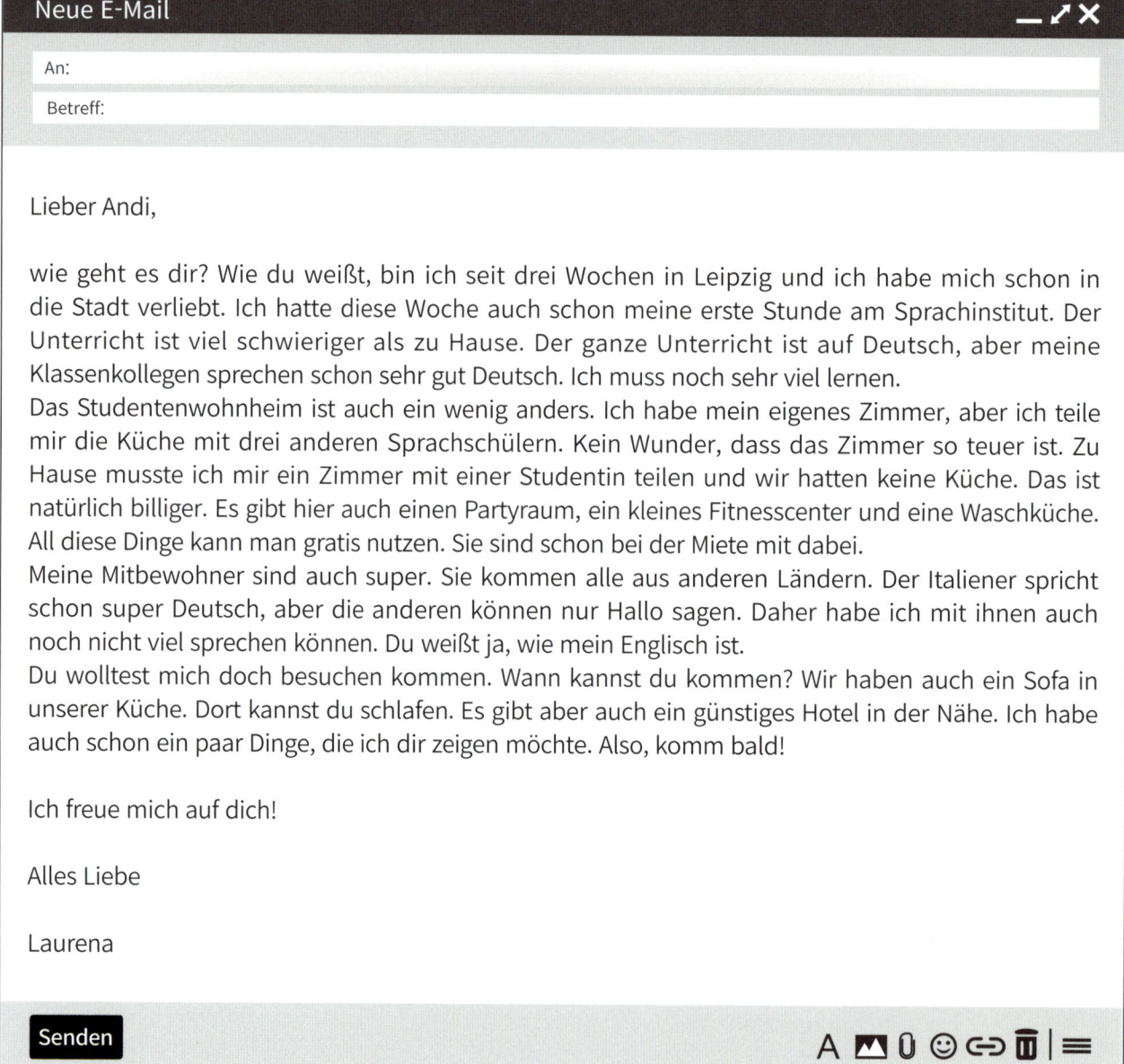

Lieber Andi,

wie geht es dir? Wie du weißt, bin ich seit drei Wochen in Leipzig und ich habe mich schon in die Stadt verliebt. Ich hatte diese Woche auch schon meine erste Stunde am Sprachinstitut. Der Unterricht ist viel schwieriger als zu Hause. Der ganze Unterricht ist auf Deutsch, aber meine Klassenkollegen sprechen schon sehr gut Deutsch. Ich muss noch sehr viel lernen.
Das Studentenwohnheim ist auch ein wenig anders. Ich habe mein eigenes Zimmer, aber ich teile mir die Küche mit drei anderen Sprachschülern. Kein Wunder, dass das Zimmer so teuer ist. Zu Hause musste ich mir ein Zimmer mit einer Studentin teilen und wir hatten keine Küche. Das ist natürlich billiger. Es gibt hier auch einen Partyraum, ein kleines Fitnesscenter und eine Waschküche. All diese Dinge kann man gratis nutzen. Sie sind schon bei der Miete mit dabei.
Meine Mitbewohner sind auch super. Sie kommen alle aus anderen Ländern. Der Italiener spricht schon super Deutsch, aber die anderen können nur Hallo sagen. Daher habe ich mit ihnen auch noch nicht viel sprechen können. Du weißt ja, wie mein Englisch ist.
Du wolltest mich doch besuchen kommen. Wann kannst du kommen? Wir haben auch ein Sofa in unserer Küche. Dort kannst du schlafen. Es gibt aber auch ein günstiges Hotel in der Nähe. Ich habe auch schon ein paar Dinge, die ich dir zeigen möchte. Also, komm bald!

Ich freue mich auf dich!

Alles Liebe

Laurena

Teil 3

11 Laurena sagt über Leipzig, dass ...

- [a] die Stadt ganz anders ist als zu Hause.
- [b] sie die Stadt sehr toll findet.
- [c] in der Stadt nur Deutsch gesprochen wird.

12 Der Deutschunterricht ist schwierig, weil ...

- [a] nur Deutsch gesprochen wird.
- [b] ihre Klassenkollegen sehr gut sind.
- [c] Laurena noch viel lernen muss.

13 Laurenas Studentenwohnheim ist ...

- [a] teurer als das Wohnheim zu Hause.
- [b] natürlich billiger als zu Hause.
- [c] nicht so gut wie das Wohnheim zu Hause.

14 Ihre Mitbewohner sind ...

- [a] nicht nett und sagen nur Hallo.
- [b] nett, aber nicht alle sprechen gutes Deutsch.
- [c] super und sprechen sehr gut Deutsch.

15 Wenn Andi zu Besuch kommt, ...

- [a] muss er auf dem Sofa in der Küche schlafen.
- [b] muss Laurena auch im Hotel schlafen.
- [c] will Laurena ihm viele Dinge zeigen.

Teil 4

Sechs Personen suchen im Internet nach Informationen.

Lesen Sie die Aufgaben 16 bis 20 und die Anzeigen [a] bis [f].
Welche Anzeige passt zu welcher Person?
Für eine Aufgabe gibt es keine Lösung. Markieren Sie so [x].

Die Anzeige aus dem Beispiel können Sie nicht mehr wählen.

Beispiel

0 Hannah sucht ein kleines Ferienhaus am See.   b

16 Susanne sucht ein neues Büro für ihre kleine Firma.

17 Robert beginnt zu studieren und sucht eine kleine, billige Wohnung.

18 Philipp will ein Haus für seine kleine Familie bauen.

19 Marco zieht für sein Studium um und er braucht Hilfe.

20 Armin will ein kleines Restaurant eröffnen.

Teil 4

a www.daseigeneheim.de

Schaffe, schaffe, Häusle baue!

Erfüllen Sie sich Ihren Traum vom eigenen Haus. Mit uns können Sie Ihr Traumhaus bauen. Wir beraten Sie auf jedem Schritt vom ersten Entwurf, bis das Haus steht. Vereinbaren Sie jetzt einen Termin zur kostenlosen Erstberatung unter 0800 554553

b www.bodenseeimmo.de

Der Traum vom Haus am See

Traumhaftes Einfamilienhaus mit zwei Zimmern direkt am See. Ideal für den Sommerurlaub mit dem Partner. Der große Garten mit privatem Seezugang lädt zum Grillen und Entspannen ein. Supermarkt, Apotheke und Bäcker finden Sie im nahegelegenen Ortszentrum.

c www.arbeitsplatz.de

Helles Großraumbüro für Ihr Unternehmen

Das Büro liegt direkt an der Hauptstraße und in nur 5 Minuten gibt es ein Einkaufszentrum mit verschiedenen Restaurants. Das Büro bietet Platz für etwa 50 Personen im Großraumbüro. Zudem gibt es zwei Meetingräume und zwei geschlossene Büros.

d www.umzugswagen.de

Eingepackt und aufgebaut!

Mit uns geht der Umzug leicht. Wir packen ein, fahren, packen aus und bauen auf. Und das alles an nur einem Tag. Für kleine Wohnungen und Studenten gibt es 30 % Rabatt. Sie wollen am Wochenende umziehen? Kein Problem! Wir sind 7 Tage die Woche für Sie da.

e www.gastroimmobilien.de

Kleine Gewerbefläche mit Gastgarten

Die Gewerbefläche ist ab sofort verfügbar. Das Geschäft mit zwei Räumen befindet sich in der Innenstadt und hat im Innenhof einen kleinen Gastgarten. Im hinteren Raum sind alle Anschlüsse für eine Küche vorhanden.

f www.schwarzesbrett.de

Studenten aufgepasst!

Günstige Wohnung zu vergeben! Ich ziehe aus und suche dringend einen Nachmieter. Meine Wohnung liegt im dritten Stock, ohne Lift, und hat 20 m2. Bad und Küche sind möbliert. Bei Interesse bitte an whg3stock@mail.com schreiben.

GOETHE-ZERTIFIKAT A2	Hören
Modelltest 1	Kandidatenblätter

Kandidatenblätter

Hören
30 Minuten

Dieser Prüfungsteil hat vier Teile:

Sie **hören** Sendungen aus dem Radio, Gespräche, Nachrichten auf dem Anrufbeantworter und Durchsagen.

Lesen Sie zuerst die Aufgaben.
Hören Sie dann den Text dazu.

Für jede Aufgabe gibt es nur **eine** richtige Lösung.

Schreiben Sie Ihre Lösungen zum Schluss auf den **Antwortbogen**.

Wörterbücher und Mobiltelefone sind **nicht** erlaubt.

듣기 시험 음성 QR

재생 시간은 듣기시험 전체 재생 시간과 동일하며, 중단 없이 들으면서 동시에 문제를 풀어야 합니다.

GOETHE-ZERTIFIKAT A2 | **Hören**
Modelltest 1 | Kandidatenblätter

Teil 1

Sie hören fünf kurze Texte. Sie hören jeden Text zweimal.
Wählen Sie für die Aufgaben 1 bis 5 die richtige Lösung a, b oder c.

1 Warum kann Julia nicht kommen?
- a Sie hat das Geschenk vergessen.
- b Ihr Sohn ist krank geworden.
- c Sie ist krank und muss zu Hause bleiben.

2 Wie ist das Wetter am Sonntag?
- a Im Norden ist es warm und im Süden ist es kalt.
- b Im Norden und im Süden ist das Wetter gleich.
- c Im Norden ist es kalt und im Süden ist es warm.

3 Warum wird das Meeting verschoben?
- a Der Chef hat einen anderen Termin.
- b Herr Wagner hat leider etwas anderes vor.
- c Das Meeting ist sehr dringend.

4 Was schadet der Natur im Nationalpark?
- a Die Besucher schaden der Natur und den Tieren.
- b Der Müll kann den Pflanzen schaden.
- c Die Essensreste können den Pflanzen schaden.

5 Wie kann man gewinnen?
- a Man muss eine Frage stellen.
- b Man muss ein Bier um 6.00 Uhr trinken.
- c Man muss anrufen und die Frage beantworten.

GOETHE-ZERTIFIKAT A2 | **Hören**

Modelltest 1 | Kandidatenblätter

Teil 2

Sie hören ein Gespräch. Sie hören den Text einmal.
Was macht die Frau in der Woche?

Wählen Sie für die Aufgaben 6 bis 10 ein passendes Bild aus [a] bis [i].
Wählen Sie jeden Buchstaben nur einmal. Sehen Sie sich jetzt die Bilder an.

Tag	0 Montag	6 Dienstag	7 Mittwoch	8 Donnerstag	9 Freitag	10 Samstag
Lösung	f	☐	☐	☐	☐	☐

a

b

c

d

e

f

g

h

i

GOETHE-ZERTIFIKAT A2	Hören
Modelltest 1	Kandidatenblätter

Teil 3

Sie hören fünf kurze Gespräche. Sie hören jeden Text einmal.
Wählen Sie für die Aufgaben 11 bis 15 die richtige Lösung a , b oder c .

11 Was hat die Frau heute zu Mittag gegessen?

a  b  c

12 Welches Hemd kauft der Mann?

a  b  c

13 Was wurde schon repariert?

a  b 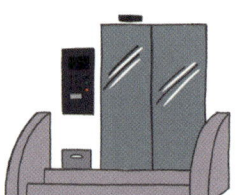 c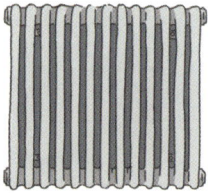

14 Wo ist der Eingang zur Arztpraxis?

a  b  c

15 Was muss die Frau noch bringen?

a  b  c

GOETHE-ZERTIFIKAT A2 | Hören
Modelltest 1 | Kandidatenblätter

Teil 4

Sie hören ein Interview. Sie hören den Text zweimal.
Wählen Sie für die Aufgaben 16 bis 20 ☐ Ja ☐ oder ☐ Nein ☐.
Lesen Sie jetzt die Aufgaben.

Beispiel

0 Alexa lernt in einer Deutschschule Deutsch.

☐ Ja ☒ Nein

16 An der Deutschschule war immer alles einfach.

☐ Ja ☐ Nein

17 Alexa denkt, dass man beim Sprachenlernen entspannt sein muss.

☐ Ja ☐ Nein

18 Der Mann hatte nie Probleme mit dem Sprechen vor anderen.

☐ Ja ☐ Nein

19 Alexas Lernende können nicht gut auf Deutsch sprechen.

☐ Ja ☐ Nein

20 In zwei Wochen gibt es ein Fest in Alexas Sprachschule.

☐ Ja ☐ Nein

GOETHE-ZERTIFIKAT A2 | Schreiben
Modelltest 1 | Kandidatenblätter

Kandidatenblätter

Schreiben
30 Minuten

Dieser Prüfungsteil hat zwei Teile:

Sie **schreiben** eine SMS und eine E-Mail.

Schreiben Sie Ihre Texte auf den **Antwortbogen**. Schreiben Sie bitte deutlich und **nicht** mit Bleistift.

Wörterbücher und Mobiltelefone sind **nicht** erlaubt.

GOETHE-ZERTIFIKAT A2 Schreiben
Modelltest 1 Kandidatenblätter

Teil 1

Sie sind krank und schreiben eine SMS an Ihren Freund Jan.

- Schreiben Sie, dass Sie krank sind.
- Fragen Sie, ob Jan für Sie einkaufen kann.
- Schreiben Sie, was Sie brauchen.

Schreiben Sie 20-30 Wörter.
Schreiben Sie zu allen drei Punkten.

Teil 2

Ihre Nachbarin, Frau Golder, hat Ihnen eine E-Mail geschrieben. Sie zieht bald um. Sie möchten Frau Golder beim Umzug helfen. Schreiben Sie eine E-Mail an Frau Golder.

- Bedanken Sie sich und sagen Sie, dass Sie Frau Golder vermissen werden.
- Schreiben Sie, dass Sie Frau Golder helfen möchten.
- Fragen Sie nach dem Umzugsdatum.

Schreiben Sie 30-40 Wörter.
Schreiben Sie zu allen drei Punkten.

GOETHE-ZERTIFIKAT A2	Sprechen
Modelltest 1	Kandidatenblätter

Kandidatenblätter

Sprechen
circa 15 Minuten für zwei Teilnehmende

Dieser Prüfungsteil hat drei Teile:

Sie **stellen** Ihrem Partner / Ihrer Partnerin Fragen zur Person und antworten ihm / ihr.

Sie **erzählen** etwas über sich und Ihr Leben.

Sie **planen** etwas mit Ihrem Partner / Ihrer Partnerin.

Wörterbücher und Mobiltelefone sind **nicht** erlaubt.

GOETHE-ZERTIFIKAT A2	Sprechen
Modelltest 1	Kandidatenblätter

Teil 1

Sie bekommen vier Karten und stellen mit diesen Karten vier Fragen.
Ihr Partner / Ihre Partnerin antwortet. Dann stellt Ihr Partner / Ihre Partnerin vier Fragen und sie antworten.

Teilnehmer/in A

GOETHE-ZERTIFIKAT A2	Sprechen Teil 1
Fragen zur Person	

Hobby?

GOETHE-ZERTIFIKAT A2	Sprechen Teil 1
Fragen zur Person	

Geburtstag?

GOETHE-ZERTIFIKAT A2	Sprechen Teil 1
Fragen zur Person	

Haustiere?

GOETHE-ZERTIFIKAT A2	Sprechen Teil 1
Fragen zur Person	

Sport?

Teilnehmer/in B

GOETHE-ZERTIFIKAT A2	Sprechen Teil 1
Fragen zur Person	

Wohnen?

GOETHE-ZERTIFIKAT A2	Sprechen Teil 1
Fragen zur Person	

Ausbildung?

GOETHE-ZERTIFIKAT A2	Sprechen Teil 1
Fragen zur Person	

Reisen?

GOETHE-ZERTIFIKAT A2	Sprechen Teil 1
Fragen zur Person	

Freunde?

Teil 2

Sie bekommen eine Karte und erzählen etwas über Ihr Leben.

Prüfungsteilnehmer/-in A

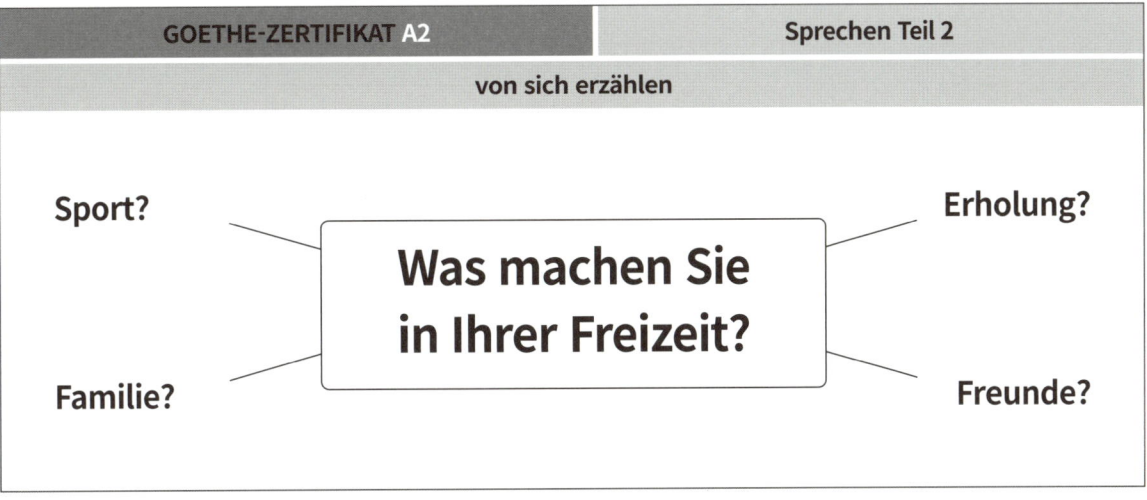

Prüfungsteilnehmer/-in B

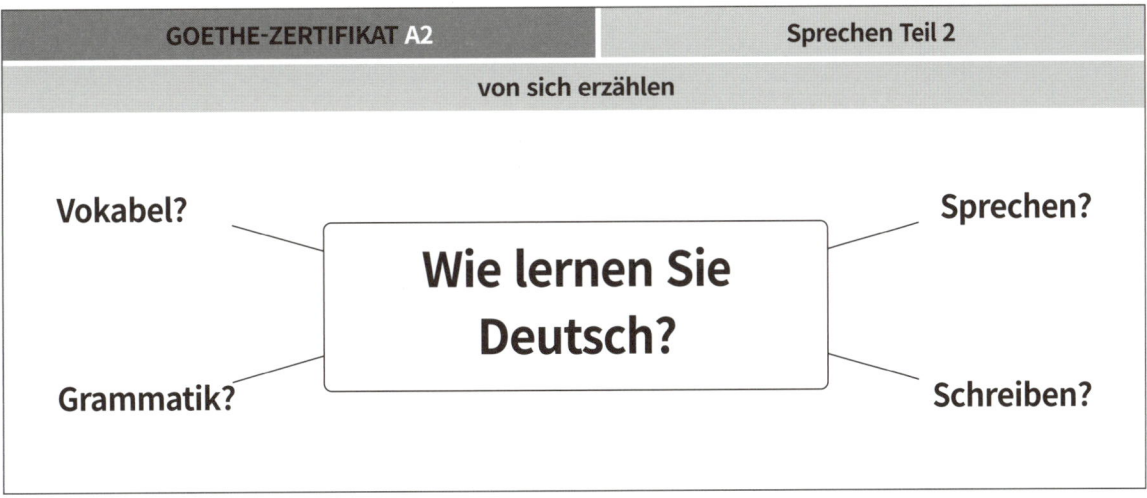

Teil 3

Ihr Freund Anton hat Geburtstag. Sie möchten gemeinsam ein Geschenk kaufen. Finden Sie einen Termin und entscheiden Sie, was Sie kaufen möchten.

Prüfungsteilnehmer/-in A

Samstag, 30. Oktober

Zeit	
07.00	
08.00	
09.00	Zahnarzttermin
10.00	Wocheneinkauf
11.00	
12.00	
13.00	Mittagessen mit Luise
14.00	
15.00	
16.00	Basketball
17.00	
18.00	
19.00	Spieleabend bei Anne
20.00	
21.00	

GOETHE-ZERTIFIKAT A2 | Sprechen
Modelltest 1 | Kandidatenblätter

Teil 3

Ihr Freund Anton hat Geburtstag. Sie möchten gemeinsam ein Geschenk kaufen. Finden Sie einen Termin und entscheiden Sie, was Sie kaufen möchten.

Prüfungsteilnehmer/-in B

Samstag, 30. Oktober

Zeit	
07.00	*Lange Schlafen*
08.00	
09.00	
10.00	
11.00	
12.00	Mit dem Hund spazieren
13.00	Essen bei Opa und Oma
14.00	
15.00	Klavierunterricht
16.00	
17.00	neue Brille abholen
18.00	
19.00	
20.00	*Kino mit Frank*
21.00	

MODELLTEST
2

GOETHE-ZERTIFIKAT A2	Lesen
Modelltest 2	Kandidatenblätter

Modelltest 2

Kandidatenblätter

Lesen
30 Minuten

Dieser Prüfungsteil hat vier Teile:

Sie **lesen** eine E-Mail, Informationen und Artikel aus der Zeitung und dem Internet.

Für jede Aufgabe gibt es nur **eine** richtige Lösung.

Schreiben Sie Ihre Lösungen zum Schluss auf den **Antwortbogen**.

Wörterbücher und Mobiltelefone sind **nicht** erlaubt.

GOETHE-ZERTIFIKAT A2 Lesen
Modelltest 2   Kandidatenblätter

Teil 1

Sie lesen in einer Zeitung diesen Text.

Wählen Sie für die Aufgaben 1 bis 5 die richtige Lösung a, b oder c.

Gesund und schnell gekocht:

Gesunde Kochbox

Viele Menschen haben jeden Tag viel zu tun. Sie haben keine Zeit mehr zum Kochen. Aber jeden Tag in ein Restaurant zu gehen, ist sehr teuer und jeden Tag Fastfood zu essen, ist ungesund.
Frau Dr. Rothenstein hatte dasselbe Problem. Deshalb hat sie gesundes Fastfood entwickelt. Ihre Speisen enthalten nur frische Zutaten, viele Vitamine, wenig Salz und wenig Fett und sie können in nur 15 Minuten zubereitet werden.
Das Geheimnis sind vorbereitete Zutaten. Frau Dr. Rothenstein lässt in ihrer Fabrik fertige Kochboxen produzieren. Diese Kochboxen werden ein- bis dreimal die Woche an die Kunden gesendet. Mit einer Kochbox kann man im Handumdrehen ein leckeres Menü zaubern. Die Boxen kann man für sich alleine, für zwei Personen oder für eine ganze Familie bestellen. Die Zutaten werden in der Fabrik gewaschen, geschnitten und verpackt. Zu Hause muss man nur die Verpackungen öffnen und den Anweisungen folgen. Damit das Kochen einfach bleibt, gibt es in jedem Rezept höchstens fünf Schritte. Jede Woche gibt es eine breite Auswahl an neuen Rezepten für jeden Geschmack.
Auch der Preis ist günstig. Je mehr man bestellt, desto günstiger wird es. Aber selbst das teuerste Angebot ist nicht teurer als ein Burger-Menü einer Fastfoodkette. Dennoch ist es deutlich gesünder und frischer.

GOETHE-ZERTIFIKAT A2 — Lesen
Modelltest 2 — Kandidatenblätter

Teil 1

Beispiel

0 Weil die Menschen viel zu tun haben, …

- [ ] a können sie nicht ins Restaurant gehen.
- [ ] b möchten sie nur Fastfood essen.
- [x] c haben sie keine Zeit zu kochen.

1 Frau Dr. Rothenstein …

- [ ] a hatte immer Zeit zu kochen.
- [ ] b hat ein gesundes, schnelles Essen entwickelt.
- [ ] c hat immer nur im Restaurant gegessen.

2 Frau Dr. Rothenstein …

- [ ] a macht die Kochboxen selbst.
- [ ] b kauft ein- bis dreimal in der Woche eine Kochbox.
- [ ] c hat eine Fabrik, die Kochboxen herstellt.

3 Die Kochboxen …

- [ ] a kann man für eine, zwei oder mehrere Personen bestellen.
- [ ] b kann man nur für die ganze Familie bestellen.
- [ ] c kann man nur für eine Person bestellen.

4 Die Rezepte sind sehr einfach, …

- [ ] a weil alles in einem Topf gekocht wird.
- [ ] b es maximal fünf Schritte gibt.
- [ ] c es immer fünf Schritte gibt.

5 Die Kochboxen kosten …

- [ ] a immer mehr als ein Burger-Menü.
- [ ] b immer weniger als ein Burger-Menü.
- [ ] c nie mehr als ein Burger-Menü.

GOETHE-ZERTIFIKAT A2 | **Lesen**
Modelltest 2 | Kandidatenblätter

Teil 2

Lesen Sie die Informationstafel des Kaufhauses Emilia.

Lesen Sie die Aufgaben 6 bis 10 und den Text.
In welchen Stock gehen Sie?
Wählen Sie die richtige Lösung a, b oder c.

Beispiel

0 Sie suchen Schokolade und Blumen für Ihre Mutter.

- a 3. Stock
- b 4. Stock
- ☒ anderer Stock

6 Sie möchten sich die Haare schneiden lassen.

- a 1. Stock
- b 2. Stock
- c anderer Stock

7 Sie treffen sich auf Kuchen und Kaffee mit einer Freundin.

- a 3. Stock
- b Erdgeschoss
- c anderer Stock

8 Sie möchten Ihrem Bruder einen schönen Kugelschreiber schenken.

- a 4. Stock
- b 5. Stock
- c anderer Stock

9 Sie suchen nach einem Bild für Ihr Wohnzimmer.

- a 3. Stock
- b 2. Stock
- c anderer Stock

10 Sie müssen noch fürs Abendessen einkaufen.

- a 1. Stock
- b Erdgeschoss
- c anderer Stock

Teil 2

Kaufhaus Emilia

5. Stock	Möbel für Bad, Küche, Schlaf- und Wohnzimmer, Dekoartikel, Gardinen, Kerzen, Kissen, Kunstwerke, Lampen, Bilderrahmen, Fotoservice, Passfoto-Automat
4. Stock	Handys, Tablets, Notebooks, Computer, Bildschirme, Fernseher, Drucker, Videospiele, Software, Kühlschränke, Waschmaschinen, Geschirrspüler, IT-Service, Bücher, Schreibwaren, Kalender, Bastelwaren, Spielwaren, Partydeko,
3. Stock	Sportkleidung, Sportschuhe, Sportgeräte, Herrenmode, Herrenschuhe, Uhren, Mode für Kinder und Jugendliche, Babykleidung, Kinderwagen, Schuhwerkstatt
2. Stock	Schmuck, Parfüm, Kosmetik, Taschen, Tabak, Zeitschriften und Zeitungen, Damenmode, Damenschuhe, Campingausrüstung, Zelte, Grills, Wanderschuhe, Kunden-WC
1. Stock	Supermarkt, Frisör, Nagelstudio, Massage, Gesichtspflege, Damenschuhe, Gläser, Geschirr, Besteck, Töpfe und Pfannen, Teppiche, Koffer, Brieftaschen und Geldbeutel
Erdgeschoss	Information, Restaurant, Café, Bäcker, Kinderbetreuung, Still-Lounge, Apotheke, Blumenladen, Schlüsseldienst, Kunden-WC, Süßwarenhandel, Grußkarten,

Teil 3

Sie lesen eine E-Mail.

Wähle Sie für die Aufgaben 11 bis 15 die richtige Lösung a, b oder c.

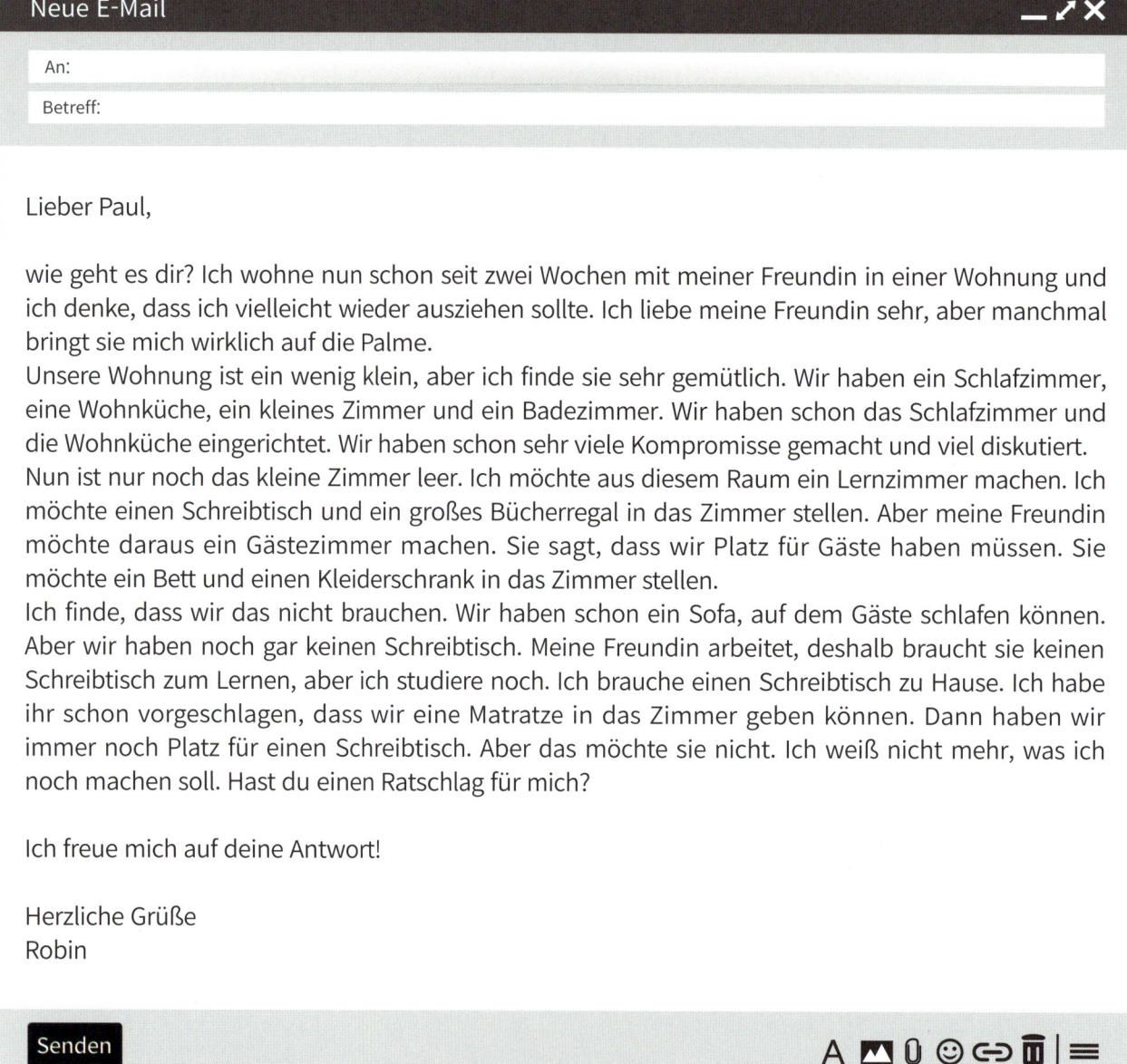

Lieber Paul,

wie geht es dir? Ich wohne nun schon seit zwei Wochen mit meiner Freundin in einer Wohnung und ich denke, dass ich vielleicht wieder ausziehen sollte. Ich liebe meine Freundin sehr, aber manchmal bringt sie mich wirklich auf die Palme.
Unsere Wohnung ist ein wenig klein, aber ich finde sie sehr gemütlich. Wir haben ein Schlafzimmer, eine Wohnküche, ein kleines Zimmer und ein Badezimmer. Wir haben schon das Schlafzimmer und die Wohnküche eingerichtet. Wir haben schon sehr viele Kompromisse gemacht und viel diskutiert.
Nun ist nur noch das kleine Zimmer leer. Ich möchte aus diesem Raum ein Lernzimmer machen. Ich möchte einen Schreibtisch und ein großes Bücherregal in das Zimmer stellen. Aber meine Freundin möchte daraus ein Gästezimmer machen. Sie sagt, dass wir Platz für Gäste haben müssen. Sie möchte ein Bett und einen Kleiderschrank in das Zimmer stellen.
Ich finde, dass wir das nicht brauchen. Wir haben schon ein Sofa, auf dem Gäste schlafen können. Aber wir haben noch gar keinen Schreibtisch. Meine Freundin arbeitet, deshalb braucht sie keinen Schreibtisch zum Lernen, aber ich studiere noch. Ich brauche einen Schreibtisch zu Hause. Ich habe ihr schon vorgeschlagen, dass wir eine Matratze in das Zimmer geben können. Dann haben wir immer noch Platz für einen Schreibtisch. Aber das möchte sie nicht. Ich weiß nicht mehr, was ich noch machen soll. Hast du einen Ratschlag für mich?

Ich freue mich auf deine Antwort!

Herzliche Grüße
Robin

Teil 3

11 Robin wohnt ...

- [a] schon lange mit seiner Freundin zusammen.
- [b] seit Kurzem mit seiner Freundin zusammen.
- [c] seit Kurzem wieder alleine.

12 Sie haben schon ...

- [a] alle Möbel für das Schlafzimmer und die Wohnküche.
- [b] alle Möbel für die gesamte Wohnung.
- [c] zu viele Möbel für die kleine Wohnung.

13 Robin möchte ...

- [a] im kleinen Zimmer arbeiten.
- [b] im kleinen Zimmer für die Uni lernen.
- [c] im kleinen Zimmer schlafen.

14 Robins Freundin möchte ...

- [a] im kleinen Zimmer arbeiten
- [b] im kleinen Zimmer für die Uni lernen.
- [c] ein Gästezimmer haben.

15 Robin hat seiner Freundin ...

- [a] einen Ratschlag gegeben.
- [b] gesagt, dass er auszieht.
- [c] einen Kompromiss vorgeschlagen.

GOETHE-ZERTIFIKAT A2 | Lesen
Modelltest 2 | Kandidatenblätter

Teil 4

Sechs Personen suchen im Internet nach einem Job.

Lesen Sie die Aufgaben 16 bis 20 und die Anzeigen [a] bis [f].
Welche Anzeige passt zu welcher Person?
Für eine Aufgabe gibt es keine Lösung. Markieren Sie so [x].

Die Anzeige aus dem Beispiel können Sie nicht mehr wählen.

Beispiel

0 Marco ist Automechaniker und sucht eine Stelle.   [b]

16 Yuki möchte eine Ausbildung in einer Konditorei machen.

17 Noah hat Physiotherapie studiert und sucht einen bezahlten Praktikumsplatz.

18 Chris arbeitet schon 13 Jahre lang im Marketing und sucht eine neue Stelle.

19 Aria ist Kauffrau für Büromanagement und hat noch keine Berufserfahrung.

20 Lorin möchte ein Praktikum im Ausland machen.

GOETHE-ZERTIFIKAT A2 Lesen
Modelltest 2 Kandidatenblätter

Teil 4

a www.startindenberuf.de

Sie haben Ihre Ausbildung abgeschlossen?

Es wird Zeit für den nächsten Schritt. Wir suchen jungen Nachwuchs für unser Team im Bereich Büromanagement. Sie bringen Offenheit, perfektes Englisch in Wort und Schrift? Dann bieten wir Ihnen eine abwechslungsreiche Arbeit in einem internationalen Team mit Aufstiegschancen.

b www.werkstättehofer.de

Erfahrene/r Automechaniker/in gesucht

Wir erweitern unsere Werkstatt und suchen nach einem Automechaniker / einer Automechanikerin mit Erfahrung für unser freundliches Team. Sie mögen den Kontakt mit Kunden? Sie haben eine Leidenschaft für Autos? Dann sind Sie bei uns genau richtig!

c www.werbeagentur.fuchs.de

Werbung ist Ihr Ding?

Sie haben mehr als 10 Jahre Berufserfahrung? Sie suchen nach einer neuen Herausforderung? Bewerben Sie sich noch heute bei der Werbeagentur Fuchs. Wir bieten Ihnen ein dynamisches Team, einen sicheren Arbeitsplatz und Aufträge von Großunternehmen.

d www.lehrlingegesucht.de

Du bist mit der Schule fertig? Es wird Zeit für das Berufsleben.
Du liebst Kuchen? Bei uns kannst du das Konditor-Handwerk erlernen.
Du kannst früh aufstehen? Die Arbeit beginnt um 5 Uhr morgens. Wir suchen teamfähige, junge Menschen, die anpacken können.

e www.physiopraktika.de

Die Physiotherapie im Krankenhaus Berlin sucht **Praktikanten!**

Das Krankenhaus bietet jungen Menschen mit einem Praktikum die ersten Schritte ins Berufsleben zu machen. Sie können so ihre Fähigkeiten und Interessen besser verstehen lernen und anderen Menschen helfen. Das Praktikum ist freiwillig und unbezahlt.

f www.auslandspraktika.de

Wohin jetzt?

Du wolltest schon immer mal woanders hin? Deutschland ist dir schon zu langweilig geworden? Bewirb dich jetzt für eines unserer vielen Praktika in der ganzen Welt! Ob im Hotel auf Bali oder im Büro in New York! Bei uns stehen alle Türen offen!

Kandidatenblätter

Hören
30 Minuten

Dieser Prüfungsteil hat vier Teile:

Sie **hören** Sendungen aus dem Radio, Gespräche, Nachrichten auf dem Anrufbeantworter und Durchsagen.

Lesen Sie zuerst die Aufgaben.
Hören Sie dann den Text dazu.

Für jede Aufgabe gibt es nur **eine** richtige Lösung.

Schreiben Sie Ihre Lösungen zum Schluss auf den **Antwortbogen**.

Wörterbücher und Mobiltelefone sind **nicht** erlaubt.

듣기 시험 음성 QR

재생 시간은 듣기시험 전체 재생 시간과 동일하며, 중단 없이 들으면서 동시에 문제를 풀어야 합니다.

GOETHE-ZERTIFIKAT A2	Hören
Modelltest 2	Kandidatenblätter

Teil 1

Sie hören fünf kurze Texte. Sie hören jeden Text zweimal.
Wählen Sie für die Aufgaben 1 bis 5 die richtige Lösung a , b oder c .

1 Wo soll Frau Heimer parken?

- a hinter dem italienischen Restaurant
- b neben der Praxis
- c bei der Bäckerei

2 Welches Problem gibt es auf der Landesstraße?

- a einen Stau
- b eine Baustelle
- c einen Unfall

3 Was soll Taylor mit zur Party bringen?

- a das Geschenk
- b den Computer
- c eine Schachtel

4 Auf welcher Strecke kann man nicht fahren?

- a Uelzen - Hannover
- b Bremen - Hannover
- c Hamburg - Hannover

5 Welches Team konnte das letzte Spiel nicht gewinnen?

- a Dortmund
- b Bayern München
- c Freiburg

GOETHE-ZERTIFIKAT A2 | Hören
Modelltest 2 | Kandidatenblätter

Teil 2

Sie hören ein Gespräch. Sie hören den Text einmal.
Wer bekommt welches Geschenk von dem Mann?

Wählen Sie für die Aufgaben 6 bis 10 ein passendes Bild aus [a] bis [i].
Wählen Sie jeden Buchstaben nur einmal. Sehen Sie sich jetzt die Bilder an.

Person	0 Quinn	6 Nemo	7 Beatrix	8 Elias	9 Diane	10 Kilian
Lösung	f	☐	☐	☐	☐	☐

a b c

d e f

g h i

Teil 3

Sie hören fünf kurze Gespräche. Sie hören jeden Text einmal.
Wählen Sie für die Aufgaben 11 bis 15 die richtige Lösung a, b oder c.

11 Welchen Film werden sie sich ansehen?

a  b  c

12 Was hat die Frau nicht im Wetterbericht gehört?

a  b  c

13 Wie feiert die Frau normalerweise das Neujahr?

a  b  c

14 Welchen Tisch reserviert die Frau?

a  b  c

15 Was kauft der Mann?

a  b 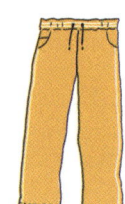 c

GOETHE-ZERTIFIKAT A2 | **Hören**
Modelltest 2 | Kandidatenblätter

Teil 4

Sie hören ein Interview. Sie hören den Text zweimal.
Wählen Sie für die Aufgaben 16 bis 20 [Ja] oder [Nein].
Lesen Sie jetzt die Aufgaben.

Beispiel

0 Georg lebt derzeit in einer Stadt.
[Ja]   [~~Nein~~]

16 Als Kind hat Georg gerne in der Stadt gelebt.
[Ja]   [Nein]

17 Als er den richtigen Job hatte, ist er aufs Land gezogen.
[Ja]   [Nein]

18 Georg wollte eigentlich nicht in ein kleines Dorf ziehen.
[Ja]   [Nein]

19 Georg kümmert sich jeden Morgen um seinen Garten.
[Ja]   [Nein]

20 Er grillt im Sommer häufig mit seinen Nachbarn.
[Ja]   [Nein]

Seite 61

GOETHE-ZERTIFIKAT A2	Schreiben
Modelltest 2	Kandidatenblätter

Kandidatenblätter

Schreiben
30 Minuten

Dieser Prüfungsteil hat zwei Teile:

Sie **schreiben** eine SMS und eine E-Mail.

Schreiben Sie Ihre Texte auf den **Antwortbogen**. Schreiben Sie bitte deutlich und **nicht** mit Bleistift.

Wörterbücher und Mobiltelefone sind **nicht** erlaubt.

GOETHE-ZERTIFIKAT A2 Schreiben
Modelltest 2 Kandidatenblätter

Teil 1

Sie sind auf dem Weg zu Ihrer Freundin Julia und schreiben ihr eine SMS.

- Schreiben Sie, dass sie etwas zu früh sind.
- Schreiben Sie, warum.
- Schreiben Sie, wo Sie auf Julia warten werden.

Schreiben Sie 20-30 Wörter.
Schreiben Sie zu allen drei Punkten.

Teil 2

Sie können morgen die Deutschprüfung nicht schreiben, weil Sie eine schlimme Erkältung haben. Schreiben Sie dem Kursleiter, Herrn Aschbaum, eine E-Mail.

- Schreiben Sie, dass Sie morgen die Prüfung nicht schreiben können.
- Schreiben Sie warum.
- Fragen Sie nach einem neuen Termin für die Prüfung.

Schreiben Sie 30-40 Wörter.
Schreiben Sie zu allen drei Punkten.

GOETHE-ZERTIFIKAT A2	Sprechen
Modelltest 2	Kandidatenblätter

Kandidatenblätter

Sprechen
circa 15 Minuten für zwei Teilnehmende

Dieser Prüfungsteil hat drei Teile:

Sie **stellen** Ihrem Partner / Ihrer Partnerin Fragen zur Person und antworten ihm / ihr.

Sie **erzählen** etwas über sich und Ihr Leben.

Sie **planen** etwas mit Ihrem Partner / Ihrer Partnerin.

Wörterbücher und Mobiltelefone sind **nicht** erlaubt.

GOETHE-ZERTIFIKAT A2 Sprechen
Modelltest 2 — Kandidatenblätter

Teil 1

Sie bekommen vier Karten und stellen mit diesen Karten vier Fragen.
Ihr Partner / Ihre Partnerin antwortet. Dann stellt Ihr Partner / Ihre Partnerin vier Fragen und sie antworten.

Teilnehmer/in A

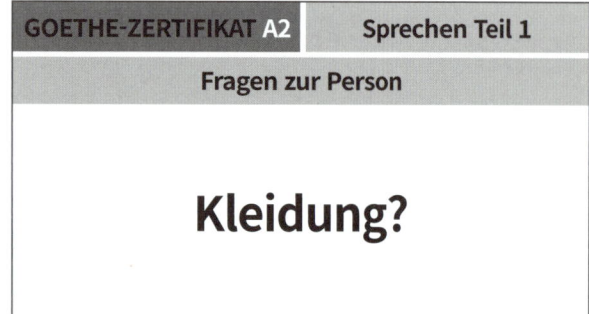

GOETHE-ZERTIFIKAT A2 — Sprechen Teil 1	GOETHE-ZERTIFIKAT A2 — Sprechen Teil 1
Fragen zur Person	Fragen zur Person
Kleidung?	**Alter?**
Beruf?	**Kinder?**

Teilnehmer/in B

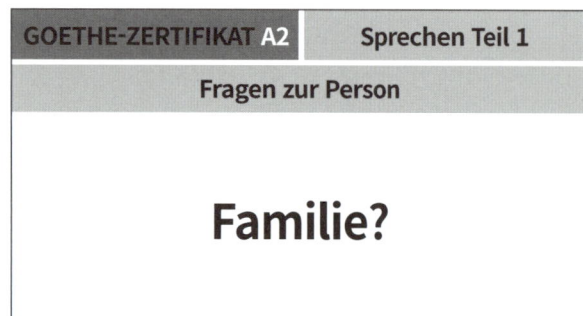
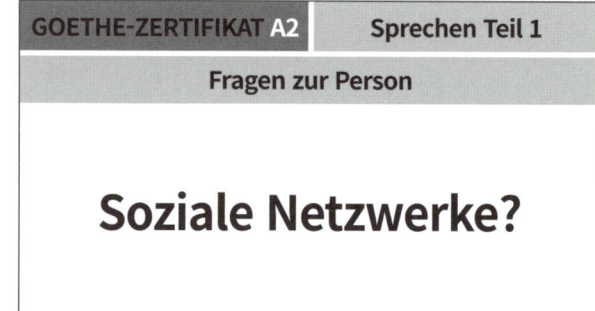

GOETHE-ZERTIFIKAT A2 — Sprechen Teil 1	GOETHE-ZERTIFIKAT A2 — Sprechen Teil 1
Fragen zur Person	Fragen zur Person
Familie?	**Soziale Netzwerke?**
Sprachen?	**Wohnort?**

Teil 2

Sie bekommen eine Karte und erzählen etwas über Ihr Leben.

Prüfungsteilnehmer/-in A

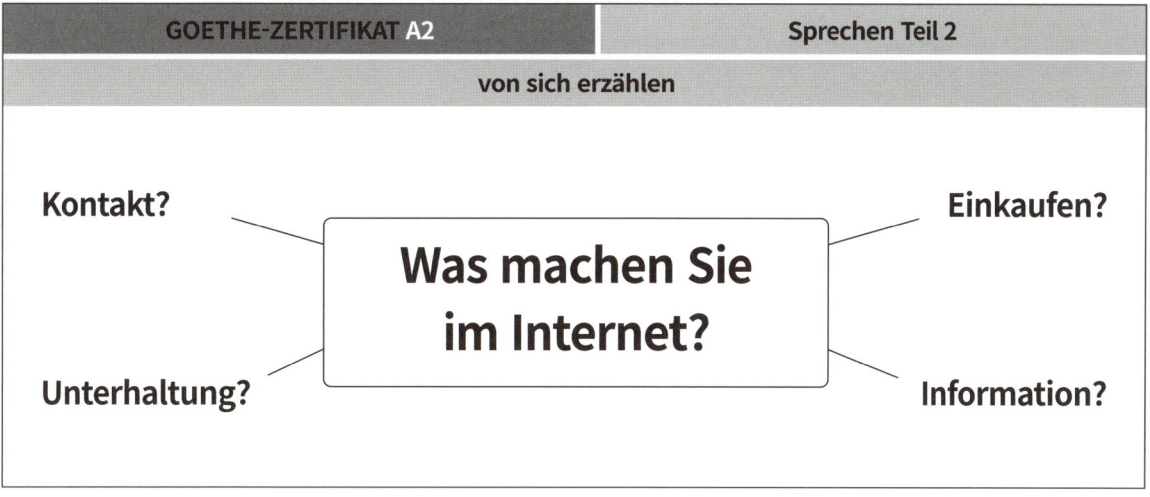

Prüfungsteilnehmer/-in B

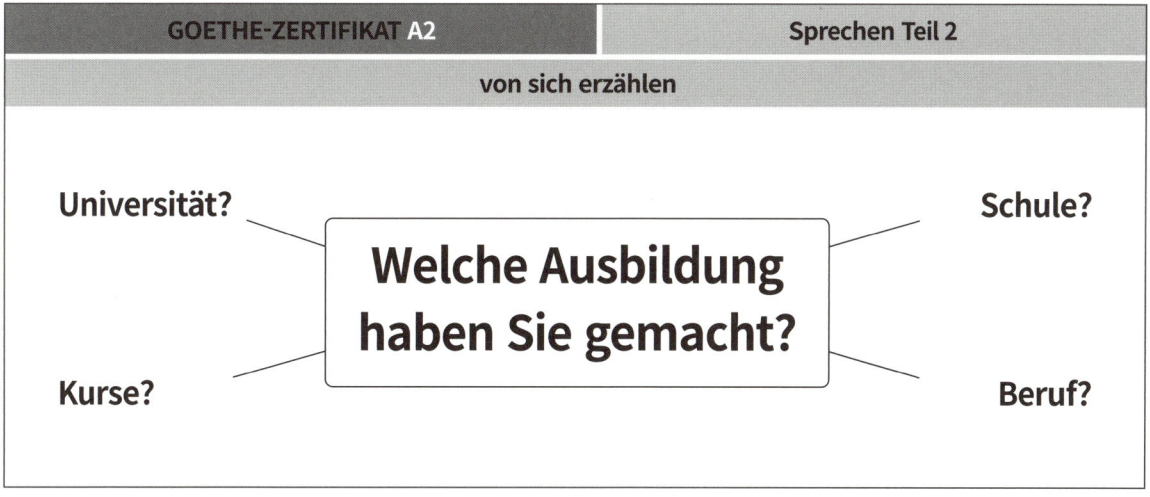

GOETHE-ZERTIFIKAT A2 | **Sprechen**
Modelltest 2 | Kandidatenblätter

Teil 3

Sie müssen eine Party vorbereiten. Die Party ist am Sonntag. Finden Sie einen Termin und überlegen Sie, was Sie zur Party mitbringen können.

Prüfungsteilnehmer/-in A

Samstag, 30. Oktober

Zeit	
07.00	
08.00	mit Hund spazieren
09.00	
10.00	Handwerker: Heizung reparieren
11.00	
12.00	
13.00	*Nebenjob: Café (3 Stunden)*
14.00	
15.00	
16.00	
17.00	Abendessen kochen
18.00	Abendessen mit Pedro
19.00	
20.00	
21.00	Sport

GOETHE-ZERTIFIKAT A2	Sprechen
Modelltest 2	Kandidatenblätter

Teil 3

Sie müssen eine Party vorbereiten. Die Party ist am Sonntag. Finden Sie einen Termin und überlegen Sie, was Sie zur Party mitbringen können.

Prüfungsteilnehmer/-in B

Samstag, 30. Oktober

07.00	
08.00	*Wohnung putzen*
09.00	
10.00	
11.00	mit Oma telefonieren
12.00	
13.00	Shoppen mit Kathi
14.00	
15.00	Café mit Laura
16.00	
17.00	
18.00	*Spielabend mit Robert und Nina*
19.00	
20.00	
21.00	

MODELLTEST
3

GOETHE-ZERTIFIKAT A2 | Lesen
Modelltest 3 | Kandidatenblätter

Modelltest 3

Kandidatenblätter

Lesen
30 Minuten

Dieser Prüfungsteil hat vier Teile:

Sie **lesen** eine E-Mail, Informationen und Artikel aus der Zeitung und dem Internet.

Für jede Aufgabe gibt es nur **eine** richtige Lösung.

Schreiben Sie Ihre Lösungen zum Schluss auf den **Antwortbogen**.

Wörterbücher und Mobiltelefone sind **nicht** erlaubt.

Teil 1

Sie lesen in einer Zeitung diesen Text.

Wählen Sie für die Aufgaben 1 bis 5 die richtige Lösung a, b oder c.

Der Engel im Teufelskostüm

Tatjana Kohl ist eine bekannte Schauspielerin in Deutschland. Sie hat schon in vielen Filmen und Serien mitgespielt. Aber irgendwie bekommt sie fast ausschließlich böse und gemeine Rollen. In 90 Prozent der Filme spielt sie eine Verbrecherin.

Wieso das so ist, kann Tatjana selbst auch nicht erklären, aber sie hat Spaß daran. „Es ist einfach ein ganz anderes Gefühl", sagte sie in einem Interview. Sie schlüpft gern in andere Rollen und versucht sich das Leben dieser Verbrecherinnen vorzustellen. „Wenn man eine Rollen annimmt, muss man auch die Geschichte der Person lernen. Die meisten Verbrecher haben tragische Dinge erlebt", erklärt sie. Deswegen möchte sie Menschen in Not unbedingt helfen. Dies tut sie auch.

In der echten Welt ist Tatjana nahezu ein Engel. In ihrer Freizeit arbeitet sie freiwillig mit Kindern, die ihre Eltern verloren haben. Zudem hat sie letztes Jahr mehr als 20 Prozent ihres Gehalts an eine Organisation, die Kindern von Verurteilten hilft, gespendet. Ein Grund dafür ist ein Film, in dem sie vor vier Jahren mitgespielt hat. Der Film erzählt die wahre Geschichte einer Frau. Der Vater der Frau sitzt unschuldig im Gefängnis und die Frau leidet sehr darunter. Dieser Film hat Tatjana berührt und sie inspiriert, etwas für die Kinder von Verurteilten zu tun.

GOETHE-ZERTIFIKAT A2 — Lesen
Modelltest 3 — Kandidatenblätter

Teil 1

Beispiel

0 Tatjana Kohl ...

- [ ] a spielt nur böse und gemeine Rollen.
- [ ] b hat nur in Filmen mitgespielt.
- [x] c spielt meistens eine Verbrecherin.

1 Sie weiß nicht, ...

- [ ] a wie man eine Verbrecherin spielt.
- [ ] b warum sie so oft Verbrecherinnen spielt.
- [ ] c ob es lustig ist, eine Verbrecherin zu spielen.

2 Die meisten Verbrecher ...

- [ ] a haben etwas Tragisches erlebt.
- [ ] b haben Geschichte gelernt.
- [ ] c möchten Menschen in Not helfen.

3 Tatjana hilft ...

- [ ] a Menschen in Not nicht.
- [ ] b nicht gerne Menschen in Not.
- [ ] c gerne Menschen in Not.

4 Sie hat letztes Jahr Geld ...

- [ ] a an Kinder von Verbrechern gespendet.
- [ ] b an eine Organisation gespendet.
- [ ] c an Waisenkinder gespendet.

5 Sie hat das gemacht, weil ...

- [ ] a sie ein Film berührt und inspiriert hat.
- [ ] b ihr Vater unschuldig im Gefängnis sitzt.
- [ ] c sie im Gefängnis gelitten hat.

GOETHE-ZERTIFIKAT A2	Lesen
Modelltest 3	Kandidatenblätter

Teil 2

Lesen Sie die Homepage der Sprachschule.

Lesen Sie die Aufgaben 6 bis 10 und den Text.
Wo finden Sie die Information?
Wählen Sie die richtige Lösung [a], [b] oder [c].

Beispiel

0 Sie möchten Ihr Deutsch-Niveau wissen.

[a] Seite 2
[X] Seite 3
[c] andere Seite

6 Sie möchten Ihren alten Schreibtisch verkaufen.

[a] Seite 6
[b] Seite 5
[c] andere Seite

7 Sie möchten Deutsch lernen, aber haben nicht genug Geld.

[a] Seite 1
[b] Seite 2
[c] andere Seite

8 Sie möchten auch in Ihrer Freizeit auf Deutsch sprechen.

[a] Seite 4
[b] Seite 5
[c] andere Seite

9 Sie möchten mehr über die Sprachschule wissen.

[a] Seite 1
[b] Seite 3
[c] andere Seite

10 Sie möchten einen Nebenjob machen.

[a] Seite 4
[b] Seite 5
[c] andere Seite

Teil 2

Teil 3

Sie lesen eine E-Mail.

Wählen Sie für die Aufgaben 11 bis 15 die richtige Lösung a, b oder c.

Lieber Toni,

ich bin nun schon seit einem Monat in Berlin. Berlin ist eine sehr schöne Stadt. Ich mag vor allem den Platz vor dem Fernsehturm und das Parlament. Auch der Dom ist sehr schön. Die Berliner Mauer konnte ich bis jetzt noch nicht besichtigen, weil ich jeden Tag zum Deutschkurs gehen muss. Ich habe inzwischen auch schon viele Freunde gefunden. Ich habe sogar schon zwei deutsche Freunde kennengelernt. Sie haben mir geholfen, als ich nicht wusste, wie man sich ein Ticket für die Bahn kauft.

Da musste ich daran denken, wie oft du mir geholfen hast. Du hast mir geholfen, eine gute Sprachschule zu finden und mich anzumelden. Außerdem hast du mir bei meinem Visum geholfen. Ohne deine Hilfe hätte ich es nie bis nach Deutschland geschafft. Ich möchte mich noch einmal für deine Hilfe bedanken. Um mich richtig bei dir zu bedanken, möchte ich dich zum Essen einladen. Leider wohnst du ja nicht in Berlin. Daher möchte ich dir einen Vorschlag machen.

Ich habe nächste Woche meine Deutschprüfung. Nach der Prüfung habe ich Ferien. In den Ferien möchte ich dich in München besuchen. Du kannst dir ein Restaurant aussuchen und ich lade dich zum Essen ein. Danach können wir gemeinsam in eine Bar gehen und etwas trinken. Was hältst du davon?

Schreib mir bald zurück!
Beste Grüße
Mark

GOETHE-ZERTIFIKAT A2 | Lesen
Modelltest 3 | Kandidatenblätter

Teil 3

11 Mark ...

- [a] lebt schon lange in Berlin.
- [b] ist in Berlin auf Urlaub.
- [c] lebt seit Kurzem in Berlin.

12 Er hat ...

- [a] deutsche Freunde in der Bahn kennengelernt.
- [b] schon viele Freunde gefunden.
- [c] die Berliner Mauer besichtigt.

13 Toni ...

- [a] hat Mark schon sehr viel geholfen.
- [b] hat Hilfe von Mark bekommen.
- [c] lebt auch in Berlin.

14 Mark ...

- [a] hat nach den Ferien eine Prüfung.
- [b] hat in einer Woche Ferien.
- [c] hat Toni vor einer Woche zum Essen eingeladen.

15 Mark ...

- [a] will das Restaurant selbst aussuchen.
- [b] will, dass Toni nach München kommt.
- [c] will nach München fahren und Toni besuchen.

GOETHE-ZERTIFIKAT A2 | **Lesen**
Modelltest 3 | Kandidatenblätter

Teil 4

Sechs Personen suchen im Internet nach Restaurants.

Lesen Sie die Aufgaben 16 bis 20 und die Anzeigen [a] bis [f].
Welche Anzeige passt zu welcher Person?
Für eine Aufgabe gibt es keine Lösung. Markieren Sie so [x].

Die Anzeige aus dem Beispiel können Sie nicht mehr wählen.

Beispiel

0 Hannelore möchte ihren 60. Geburtstag mit der ganzen Familie feiern. | b

16 Sandra sucht ein besonderes Restaurant für ein Date mit ihrem Mann.

17 Maria hat großen Hunger, aber sie will nicht aus dem Haus gehen.

18 Peter sucht etwas Günstiges für die Mittagspause heute.

19 Pauls Firma hat eine Feier in der Firma und sie brauchen noch Essen.

20 Tamara will ein gutes Curry essen.

GOETHE-ZERTIFIKAT A2 Lesen
Modelltest 3 Kandidatenblätter

Teil 4

a www.thaisuvadee.de

Authentische thailändische Küche erwartet Sie im Thai Suvadee. Original thailändische Spezialitäten werden von unserem thailändischen Team für Sie zubereitet. Wir bieten Ihnen eine große Auswahl an Vorspeisen, Salaten und Hauptgerichten. Unser Restaurant erhielt letztes Jahr zudem den Preis für das beste Curry der Stadt.

b www.gasthofwiesenherr.de

Feiern im Garten

Unser Gasthof bietet nicht nur exzellente Küche, sondern auch einen wunderschönen Gastgarten mit Deko und Lagerfeuer für Ihre besonderen Momente. Feiern Sie diesen speziellen Tag mit Ihrer Familie und Ihren Freunden im Gasthof Wiesenherr.

c www.catering101.de

Sie brauchen köstliches Essen für Ihre Gäste? Wir liefern alles, was Sie für Ihre Veranstaltung brauchen. Ob 50 oder 500 Gäste, bei uns finden Sie das richtige Angebot für jede Veranstaltung. Wir liefern auf Wunsch auch Geschirr und Dekorationen für Ihre Feier. Bei Interesse rufen Sie uns unter der folgenden Nummer an: 170 12456834

d www.lieferservice.de

Pizza? Burger? Oder doch Salat?
Wir haben alles, was Sie sich wünschen. Von Ihrer Lieblingspizzeria bis hin zur Hausmannskost vom Wirtshaus um die Ecke. Wir bringen Ihnen alles bis zur Haustüre. Melden Sie sich jetzt an und bestellen Sie bequem über unsere App. Neukunden erhalten 10 Euro Rabatt auf ihre erste Bestellung.

e www.dinnerdersinne.de

Sie möchten mal etwas anderes erleben? Schließen Sie einfach Ihre Augen. Ein **Abendessen in absoluter Dunkelheit** ist garantiert ein einzigartiges Erlebnis. Das Dinner dauert drei Stunden und erlaubt unseren Gästen, ihre anderen Sinne kennenzulernen. Das Abendessen ist das ideale Geschenk für Ihren Partner / Ihre Partnerin.

f www.diemittagspause.de

Sie möchten etwas Gesundes für Ihre Mittagspause? Wir liefern Ihnen täglich ein gesundes Mittagessen direkt an Ihren Arbeitsplatz. Testen Sie unsere Mittagsmenüs eine Woche lang für nur 35 Euro. Jeden Monat gibt es einen neuen Speiseplan mit gesunden und leckeren Speisen. Für Firmen gibt es auch günstige Menüs für alle Angestellten.

GOETHE-ZERTIFIKAT A2 | **Hören**
Modelltest 3 | Kandidatenblätter

Kandidatenblätter

Hören
30 Minuten

Dieser Prüfungsteil hat vier Teile:

Sie **hören** Sendungen aus dem Radio, Gespräche, Nachrichten auf dem Anrufbeantworter und Durchsagen.

Lesen Sie zuerst die Aufgaben.
Hören Sie dann den Text dazu.

Für jede Aufgabe gibt es nur **eine** richtige Lösung.

Schreiben Sie Ihre Lösungen zum Schluss auf den **Antwortbogen**.

Wörterbücher und Mobiltelefone sind **nicht** erlaubt.

듣기 시험 음성 QR

재생 시간은 듣기시험 전체 재생 시간과 동일하며, 중단 없이 들으면서 동시에 문제를 풀어야 합니다.

GOETHE-ZERTIFIKAT A2 | Hören
Modelltest 3 | Kandidatenblätter

Teil 1

Sie hören fünf kurze Texte. Sie hören jeden Text zweimal.
Wählen Sie für die Aufgaben 1 bis 5 die richtige Lösung a, b oder c.

1 Wann kommt Julia im Restaurant an?
- a um 15 Uhr 15
- b um 15 Uhr 25
- c in 10 Minuten

2 Was müssen die Passagiere machen?
- a ihr Gepäck ausladen
- b jemanden anrufen
- c sich beim Ausgang G35 melden

3 Wann gewinnt man Geld im Lotto?
- a bei drei oder mehr richtigen Zahlen
- b bei der Zahl 26
- c bei allen richtigen Zahlen

4 Was müssen alle machen, die zum Nachbarschaftsfest kommen?
- a etwas mitbringen
- b Frau Huber anrufen
- c am Samstag in den Innenhof kommen

5 Wann hat Franziska Geburtstag?
- a heute
- b letzte Woche
- c am Freitag

GOETHE-ZERTIFIKAT A2 | Hören
Modelltest 3 | Kandidatenblätter

Teil 2

Sie hören ein Gespräch. Sie hören den Text einmal.
Wer macht welchen Sportkurs an der Uni?

Wählen Sie für die Aufgaben 6 bis 10 ein passendes Bild aus [a] bis [i].
Wählen Sie jeden Buchstaben nur einmal. Sehen Sie sich jetzt die Bilder an.

Person	0 Lukas	6 Daniel	7 Marina	8 Daria	9 Florian	10 Sabrina
Lösung	f					

GOETHE-ZERTIFIKAT A2 | Hören
Modelltest 3 | Kandidatenblätter

Teil 3

Sie hören fünf kurze Gespräche. Sie hören jeden Text einmal.
Wählen Sie für die Aufgaben 11 bis 15 die richtige Lösung a , b oder c .

11 Wohin fahren die beiden auf Urlaub?

a    b    c

12 Wo hat der Mann keine Schmerzen?

a 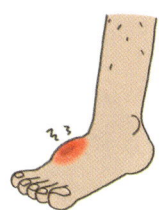   b    c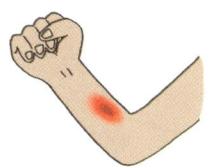

13 Um wieviel Uhr geht die Frau heute zum Friseur?

a    b    c

14 Was essen der Mann und die Frau heute Abend?

a    b    c

15 Was möchte der Mann einmal werden?

a    b    c

GOETHE-ZERTIFIKAT A2 | **Hören**
Modelltest 3 | Kandidatenblätter

Teil 4

Sie hören ein Interview. Sie hören den Text zweimal.
Wählen Sie für die Aufgaben 16 bis 20 | Ja | oder | Nein |.
Lesen Sie jetzt die Aufgaben.

Beispiel

0 Frau Schmidt arbeitet für den öffentlichen Verkehr in Hessen.

~~Ja~~   Nein

16 Frau Schmidt wollte als Kind Busfahrerin werden.

Ja   Nein

17 Sie ist als Busfahrerin glücklich geworden.

Ja   Nein

18 Früher gab es viele Probleme mit dem öffentlichen Verkehr in Hessen.

Ja   Nein

19 Eines der Probleme war der Preis für den Bus und die Bahn.

Ja   Nein

20 Heutzutage gibt es keine Probleme mehr.

Ja   Nein

GOETHE-ZERTIFIKAT A2 | Schreiben
Modelltest 3 | Kandidatenblätter

Kandidatenblätter

Schreiben
30 Minuten

Dieser Prüfungsteil hat zwei Teile:

Sie **schreiben** eine SMS und eine E-Mail.

Schreiben Sie Ihre Texte auf den **Antwortbogen**. Schreiben Sie bitte deutlich und **nicht** mit Bleistift.

Wörterbücher und Mobiltelefone sind **nicht** erlaubt.

GOETHE-ZERTIFIKAT A2　Schreiben
Modelltest 3　Kandidatenblätter

Teil 1

Sie sind an der Uni und schreiben eine SMS an Ihre Freundin Christa.

- Sagen Sie, dass Sie Christa treffen wollen.
- Sagen Sie, warum.
- Nennen Sie einen Ort und eine Zeit für das Treffen.

Schreiben Sie 20-30 Wörter.
Schreiben Sie zu allen drei Punkten.

Teil 2

Ihre Firma wird 10 Jahre alt. Ihre Chefin, Frau Gernot, hat Sie zu einer Firmenfeier eingeladen. Schreiben Sie Frau Gernot eine E-Mail.

- Bedanken Sie sich und sagen Sie, dass Sie kommen.
- Sagen Sie, dass Sie jemanden mitbringen.
- Fragen Sie nach dem Essen auf der Feier.

Schreiben Sie 30-40 Wörter.
Schreiben Sie zu allen drei Punkten.

GOETHE-ZERTIFIKAT A2 | Sprechen
Modelltest 3 | Kandidatenblätter

Kandidatenblätter

Sprechen
circa 15 Minuten für zwei Teilnehmende

Dieser Prüfungsteil hat drei Teile:

Sie **stellen** Ihrem Partner / Ihrer Partnerin Fragen zur Person und antworten ihm / ihr.

Sie **erzählen** etwas über sich und Ihr Leben.

Sie **planen** etwas mit Ihrem Partner / Ihrer Partnerin.

Wörterbücher und Mobiltelefone sind **nicht** erlaubt.

Teil 1

Sie bekommen vier Karten und stellen mit diesen Karten vier Fragen.
Ihr Partner / Ihre Partnerin antwortet. Dann stellt Ihr Partner / Ihre Partnerin vier Fragen und sie antworten.

Teilnehmer/in A

GOETHE-ZERTIFIKAT A2 — Sprechen Teil 1	GOETHE-ZERTIFIKAT A2 — Sprechen Teil 1
Fragen zur Person	Fragen zur Person
Einkaufen?	**Filme?**

GOETHE-ZERTIFIKAT A2 — Sprechen Teil 1	GOETHE-ZERTIFIKAT A2 — Sprechen Teil 1
Fragen zur Person	Fragen zur Person
Verkehrsmittel?	**Aussehen?**

Teilnehmer/in B

GOETHE-ZERTIFIKAT A2 — Sprechen Teil 1	GOETHE-ZERTIFIKAT A2 — Sprechen Teil 1
Fragen zur Person	Fragen zur Person
Jahreszeit?	**Feiertage?**

GOETHE-ZERTIFIKAT A2 — Sprechen Teil 1	GOETHE-ZERTIFIKAT A2 — Sprechen Teil 1
Fragen zur Person	Fragen zur Person
Arbeitszeit?	**Prüfung?**

Teil 2

Sie bekommen eine Karte und erzählen etwas über Ihr Leben.

Prüfungsteilnehmer/-in A

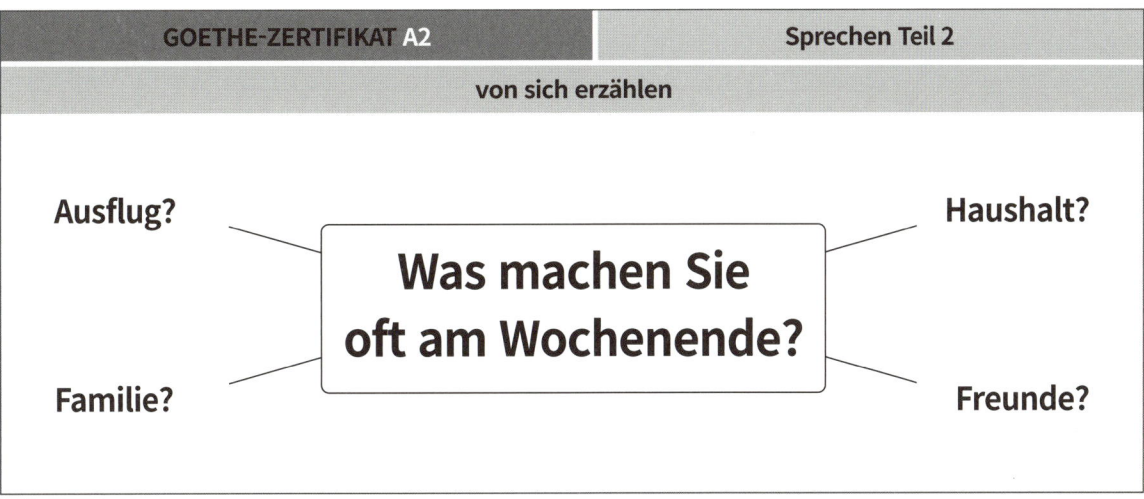

Prüfungsteilnehmer/-in B

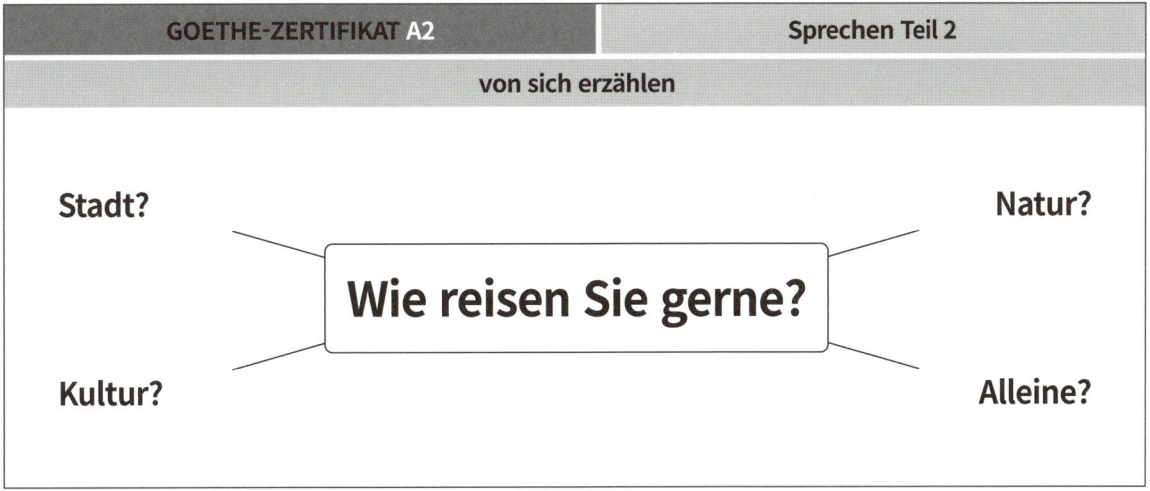

Teil 3

Ihr Freund Ali hatte einen Unfall und ist im Krankenhaus. Sie wollen ihm ein Geschenk bringen. Was können Sie ihm schenken? Machen Sie Vorschläge.

Prüfungsteilnehmer/-in A

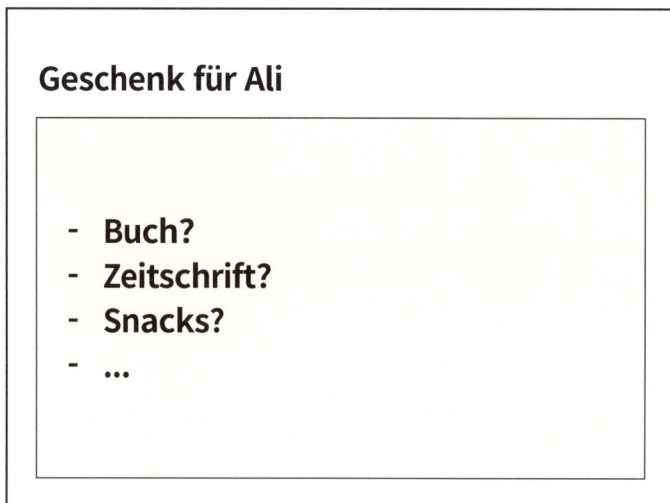

Geschenk für Ali

- Buch?
- Zeitschrift?
- Snacks?
- …

Teil 3

Ihr Freund Ali hatte einen Unfall und ist im Krankenhaus. Sie wollen ihm ein Geschenk bringen. Was können Sie ihm schenken? Machen Sie Vorschläge.

Prüfungsteilnehmer/-in B

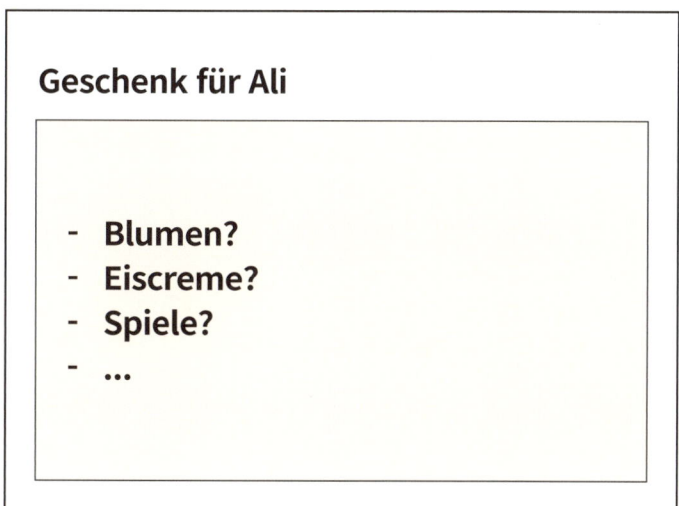

정답

Lösungen

Modelltest 1

정답 해설 듣기 지문

Lesen

Teil 1

1 c 2 a 3 b 4 c 5 a

Teil 2

6 b 7 a 8 c 9 b 10 c

Teil 3

11 b 12 a 13 a 14 b 15 c

Teil 4

16 X 17 f 18 a 19 d 20 e

Hören

Teil 1

1 b 2 c 3 a 4 b 5 c

Teil 2

6 c 7 b 8 h 9 d 10 a

Teil 3

11 c 12 a 13 b 14 b 15 a

Teil 4

16 Nein 17 Ja 18 Nein 19 Nein 20 Ja

Schreiben

예시 답안

Teil 1

Hallo, Jan! Ich bin krank und brauche deine Hilfe. Könntest du für mich etwas einkaufen? Ich brauche Tomaten, Eier, Brot und Milch. Danke schon mal im Voraus!
(27 Wörter)

Teil 2

Liebe Frau Golder,

vielen Dank für Ihre E-Mail. Ich werde Sie sehr vermissen, wenn Sie nicht mehr meine Nachbarin sind. Ich möchte Ihnen gerne beim Umzug helfen. Wann ziehen Sie denn genau um?

Herzliche Grüße
…
(35 Wörter)

Sprechen

예시 답안

Einführung

Prüfer/in A
Herzlich willkommen zum Goethe-Zertifikat A2. Mein Name ist (Prüfer/in A) und das ist mein Kollege / meine Kollegin (Prüfer/in B).
Wie heißen Sie?

Teilnehmer/in A
Mein Name ist Teilnehmer/in A.

Prüfer/in A
Woher kommen Sie?

Teilnehmer/in A
Ich komme aus …

Prüfer/in A
Wo lernen Sie Deutsch?

Teilnehmer/in A
Ich lerne in der … Schule Deutsch.

Prüfer/in A
Vielen Dank. Und wie heißen Sie?

Teilnehmer/in B
Mein Name ist Teilnehmer/in B.

Prüfer/in A
Woher kommen Sie?

Teilnehmer/in B
Ich komme aus …

Prüfer/in A
Und wo lernen Sie Deutsch?

Teilnehmer/in B
Ich lerne in der … Schule Deutsch.

Prüfer/in A
Danke. Nun beginnt die Prüfung.

Teil 1

Prüfer/in A
Die Prüfung hat drei Teile.
Teil 1 ist ein Gespräch. Sie stellen sich vor. Eine / Einer fragt und der / die andere antwortet bitte auf die Fragen.
Wir geben Ihnen ein Beispiel.
Was ist Ihr Lieblingsessen?

Prüfer/in B
Mein Lieblingsessen ist Karottenkuchen.

Prüfer/in A
Ah, sehr interessant. Danke.
Nehmen Sie vier Karten.
Wer möchte beginnen?
Fangen Sie (Teilnehmer/in B) bitte an.
Fragen Sie jetzt und (Teilnehmer/in A), antworten Sie bitte.

Teilnehmer/in B
Mit wem wohnen Sie zusammen?

Teilnehmer/in A
Ich wohne mit drei Mitbewohnern in einer Wohnung. Wir verstehen uns sehr gut und wir kochen jeden Donnerstag gemeinsam.

Teilnehmer/in B
Oh, wie schön! Studieren Sie?

Teilnehmer/in A
Nein, noch nicht. Ich fange nächstes Jahr mit dem Studium an. Jetzt lerne ich nur Deutsch.

Teilnehmer/in B
Reisen Sie gerne?

Teilnehmer/in A
Ja, ich reise sehr gerne. Ich fahre gerne mit dem Zug in eine andere Stadt und esse dort ganz viel.

Teilnehmer/in B
Reisen Sie dann mit Ihren Freunden?

Teilnehmer/in A
Ja, manchmal. Ich reise gerne alleine. Aber

manchmal reise ich auch mit meinen Freunden. In zwei Wochen reise ich mit meiner Mitbewohnerin.

Prüfer/in A
Und jetzt Sie bitte. Fragen Sie.
(Teilnehmer/in B), antworten Sie bitte.

Teilnehmer/in A
Was sind Ihre Hobbys?

Teilnehmer/in B
Meine Hobbys sind tanzen und singen. Ich tanze am liebsten mit meinen Freunden aus der Tanzschule.

Teilnehmer/in A
Wann haben Sie Geburtstag?

Teilnehmer/in B
Mein Geburtstag ist am 3. Mai und ich werde 23 Jahre alt. Ich möchte dieses Jahr eine Party machen.

Teilnehmer/in A
Haben Sie Haustiere?

Teilnehmer/in B
Nein, ich habe keine Haustiere, aber ich spiele gerne mit dem Hund meiner besten Freundin.

Teilnehmer/in A
Machen Sie auch noch anderen Sport, außer Tanzen?

Teilnehmer/in B
Nein, ich tanze nur. Aber Tanzen ist auch sehr anstrengend. Manchmal tanze ich 6 Stunden am Tag. Danach tun mir die Beine weh.

Prüfer/in A
Danke. Das war Teil 1.

Teil 2

Prüfer/in A
In Teil 2 erzählen Sie uns etwas über sich. Und wir hören zu.
Sie bekommen ein Aufgabenblatt.
Erzählen Sie. Was machen Sie in Ihrer Freizeit?

Teilnehmer/in A
Ich tanze und singe viel in meiner Freizeit. Ich habe schon gesagt, dass das meine Hobbys sind. Tanzen ist ein Sport und ich tanze fast jeden Tag. Zur Erholung gehe ich gerne mit meinen Freunden shoppen. Wir kaufen meistens Kleidung. Manchmal gehen wir auch nur ins Café und trinken Kaffee. Meine Familie treffe ich jeden Tag. Ich wohne noch zu Hause. Aber wir machen nicht oft einen Ausflug. An Feiertagen bin ich den ganzen Tag bei meiner Familie.

Prüfer/in A
Danke. Ich habe noch eine Frage. Wann singen Sie?

Teilnehmer/in A
Ich singe fast immer. Unter der Dusche, beim Tanzen, mit meinen Freunden. Immer. Aber ich singe nur zum Spaß.

Prüfer/in A
Danke. Und nun Sie bitte.
Erzählen Sie. Wie lernen Sie Deutsch?

Teilnehmer/in B
Also, ich lerne Deutsch in einem Deutschkurs. Der Unterricht ist sehr gut. Es ist immer lustig und interessant. Aber auch schwierig. Ich muss viel zu Hause üben. Ich übe immer Sprechen vor dem Spiegel, weil meine Freunde keine Zeit haben. Ich übe Schreiben bei den Hausaufgaben. Ich mache noch viele Fehler. Die Grammatik lerne ich im Unterricht und manchmal auch zu Hause. Vokabel lernen ist am schwierigsten. Ich muss immer sehr lange üben.

Prüfer/in A
Danke. Ich habe noch eine Frage. Wie haben Sie sich auf die Prüfung vorbereitet?

Teilnehmer/in B
Ich habe viele Übungsprüfungen gemacht und viele Vokabeln gelernt. Außerdem habe ich viel Sprechen geübt.

Prüfer/in A
Vielen Dank. Das war Teil 2.

Teil 3

Prüfer/in A
In Teil 3 planen Sie etwas zusammen. Sie be-

kommen ein Aufgabenblatt. Ihr Freund Anton hat Geburtstag. Sie möchten gemeinsam ein Geschenk kaufen. Finden Sie einen Termin und entscheiden Sie, was Sie kaufen möchten.

Teilnehmer/in A
Anton hat Geburtstag. Wann sollen wir das Geschenk kaufen?

Teilnehmer/in B
Wir können das Geschenk am Samstag kaufen. Haben Sie um 10 Uhr Zeit?

Teilnehmer/in A
Nein, um 10 Uhr muss ich leider den Wocheneinkauf machen. Wir können uns um 12 Uhr treffen. Haben Sie um 12 Uhr Zeit?

Teilnehmer/in B
Nein, um 12 Uhr muss ich mit dem Hund spazieren gehen. Haben Sie um 14 Uhr Zeit?

Teilnehmer/in A
Nein, ich esse zu Mittag mit Luise. Ich habe erst um 15 Uhr Zeit. Wie sieht es um 15 Uhr aus?

Teilnehmer/in B
Da habe ich leider Klavierunterricht. Aber ab 16 Uhr habe ich Zeit.

Teilnehmer/in A
Oh, nein. Da habe ich Basketballtraining. Wie sieht es um 17 Uhr aus?

Teilnehmer/in B
Nein, da kann ich auch nicht. Ich muss meine neue Brille abholen. Aber um 18 Uhr habe ich Zeit.

Teilnehmer/in A
Oh, sehr gut. Da habe ich auch Zeit.

Teilnehmer/in B
Sehr gut. Dann treffen wir uns um 18 Uhr. Was sollen wir für Anton kaufen?

Teilnehmer/in A
Hm, Anton mag doch so gerne Kaffee. Wir können für ihn Kaffeebohnen kaufen.

Teilnehmer/in B
Das ist eine gute Idee. Wir können ihm auch noch eine Tasse dazu kaufen. Was halten Sie davon?

Teilnehmer/in A
Das gefällt ihm bestimmt! Dann bis Samstag!

Teilnehmer/in B
Bis dann!

Prüfer/in A
Vielen Dank. Wir sind am Ende der Prüfung. Auf Wiedersehen.

Modelltest 2

정답 해설   듣기 지문

Lesen

Teil 1

1 b   2 c   3 a   4 b   5 c

Teil 2

6 a   7 b   8 a   9 c   10 a

Teil 3

11 b   12 a   13 b   14 c   15 c

Teil 4

16 d   17 X   18 c   19 a   20 f

Hören

Teil 1

1 a   2 b   3 a   4 c   5 b

Teil 2

6 b   7 h   8 d   9 a   10 i

Teil 3

11 c   12 c   13 b   14 c   15 a

Teil 4

16 Nein   17 Ja   18 Ja   19 Nein   20 Ja

Schreiben

예시 답안

Teil 1

Hi, Julia! Ich war in der Stadt einkaufen und bin jetzt schon in der Nähe. Ich werde im Café Stern auf dich warten. Komm einfach, sobald du kannst. Bis gleich!

(30 Wörter)

Teil 2

Sehr geehrter Herr Aschbaum,

ich habe leider eine schlimme Erkältung. Deswegen kann ich morgen die Prüfung nicht schreiben. Ich möchte die Prüfung an einem anderen Tag schreiben. Ist das möglich?

Vielen Dank für Ihr Verständnis.
Mit freundlichen Grüßen
..
(38 Wörter)

Sprechen

예시 답안

Einführung

Prüfer/in A
Herzlich willkommen zum Goethe-Zertifikat A2. Mein Name ist (Prüfer/in A) und das ist mein Kollege / meine Kollegin (Prüfer/in B).
Wie heißen Sie?

Teilnehmer/in A
Mein Name ist Teilnehmer/in A.

Prüfer/in A
Woher kommen Sie?

Teilnehmer/in A
Ich komme aus …

Prüfer/in A
Wo lernen Sie Deutsch?

Teilnehmer/in A
Ich lerne in der … Schule Deutsch.

Prüfer/in A
Vielen Dank. Und wie heißen Sie?

Teilnehmer/in B
Mein Name ist Teilnehmer/in B.

Prüfer/in A
Woher kommen Sie?

Teilnehmer/in B
Ich komme aus …

Prüfer/in A
Und wo lernen Sie Deutsch?

Teilnehmer/in B
Ich lerne in der … Schule Deutsch.

Prüfer/in A
Danke. Nun beginnt die Prüfung.

Teil 1

Prüfer/in A
Die Prüfung hat drei Teile.
Teil 1 ist ein Gespräch. Sie stellen sich vor. Eine / Einer fragt und der / die andere antwortet bitte auf die Fragen.
Wir geben Ihnen ein Beispiel.
Was machen Sie im Haushalt gerne?

Prüfer/in B
Ich putze gerne die Fenster. Nach dem Putzen ist das Haus so hell.

Prüfer/in A
Ah, sehr interessant. Danke.
Nehmen Sie vier Karten.
Wer möchte beginnen.
Fangen Sie bitte an.
Fragen Sie jetzt und (Teilnehmer/in A), antworten Sie bitte.

Teilnehmer/in B
Wo lebt ihre Familie?

Teilnehmer/in A
Meine Familie lebt in Spanien. Ich habe sie schon seit 3 Monaten nicht gesehen.

Teilnehmer/in B
Verwenden Sie soziale Netzwerke?

Teilnehmer/in A
Ja, ich verwende soziale Netzwerke, um mit meiner Familie zu sprechen. Ich schaue mir auch gerne Bilder von meinen Freunden an.

Teilnehmer/in B
Welche Sprachen sprechen Sie?

Teilnehmer/in A
Ich spreche Spanisch, Englisch und ein bisschen Deutsch. Ich möchte sehr gut Deutsch sprechen.

Teilnehmer/in B
Ich auch. Wo wohnen Sie?

Teilnehmer/in A
Ich wohne in einem kleinen Ort in der Nähe von Stuttgart. Dort ist es sehr ruhig und schön.

Prüfer/in A
Und jetzt Sie bitte. Fragen Sie.
(Teilnehmer/in B), antworten Sie bitte.

Teilnehmer/in A
Was für Kleidung tragen Sie am liebsten?

Teilnehmer/in B
Ich trage am liebsten bequeme Kleidung. Also trage ich jeden Tag eine Hose und ein T-Shirt.

Teilnehmer/in A
Wie alt sind Sie?

Teilnehmer/in B
Ich bin 25 Jahre alt, aber ich werde im Sommer 26.

Teilnehmer/in A
Was machen Sie beruflich?

Teilnehmer/in B
Ich studiere noch, aber ich arbeite auch in einem Café.

Teilnehmer/in A
Oh, interessant. Möchten Sie einmal Kinder haben?

Teilnehmer/in B
Hm, ich weiß nicht. Vielleicht. Aber noch bin ich zu jung.

Prüfer/in A
Danke. Das war Teil 1.

Teil 2

Prüfer/in A
In Teil 2 erzählen Sie uns etwas über sich. Und wir hören zu.
Sie bekommen ein Aufgabenblatt.
Erzählen Sie. Was machen Sie im Internet?

Teilnehmer/in A
Ich benutze das Internet, um mit meiner Familie zu reden. Außerdem kaufe ich auch oft Kleidung oder Essen im Internet. Am liebsten bestelle ich Pizza über mein Handy. Ich lerne auch Deutsch im Internet. Ich sehe mir viele Videos auf Deutsch an. Wenn ich beim Lernen etwas nicht weiß, dann suche ich die Antwort im Internet. Ich suche auch oft den Weg zu einem Restaurant. Manchmal sehe ich mir auch lustige Serien oder Filme im Internet an.

Prüfer/in A
Danke. Ich habe noch eine Frage. Wie lernen Sie Deutsch im Internet?

Teilnehmer/in A
Meistens sehe ich mir ein deutsches Video an und versuche es zu verstehen. Manchmal suche ich nach einer Grammatikerklärung im Internet, wenn ich es im Unterricht nicht verstanden habe. Ich übersetze auch viele Vokabeln.

Prüfer/in A
Danke. Und nun Sie bitte.
Erzählen Sie. Welche Ausbildung haben Sie gemacht?

Teilnehmer/in B
Also, ich studiere noch. Ich habe eine Schule in Spanien besucht und habe vor einem Jahr mein Studium begonnen. Ich studiere Deutsch. Aber ich kann noch nicht gut Deutsch. Deshalb besuche ich einen Deutschkurs. Ich muss in einem Jahr ganz viel Deutsch lernen. Nach meinem Studium möchte ich in Deutschland arbeiten und leben. Am liebsten möchte ich in einer deutschen Firma arbeiten.

Prüfer/in A
Danke. Ich habe noch eine Frage. Wieso möchten Sie gerne in Deutschland leben?

Teilnehmer/in B
Ich denke, dass Deutschland ein sehr schönes Land ist. Außerdem ist es nicht so heiß wie in Spanien. Ich mag die Hitze nicht. Deshalb will ich in Deutschland leben.

Prüfer/in A
Vielen Dank. Das war Teil 2.

Teil 3

Prüfer/in A
In Teil 3 planen Sie etwas zusammen. Sie bekommen ein Aufgabenblatt.
Sie müssen eine Party vorbereiten. Die Party ist am Sonntag. Finden Sie einen Termin und überlegen Sie, was Sie zur Party mitbringen können.

Teilnehmer/in A
Hallo, wir müssen die Party vorbereiten. Ich habe am Samstag um 9 Uhr Zeit. Wann haben Sie Zeit?

Teilnehmer/in B
Ich habe erst um 10 Uhr Zeit. Können Sie um 10 Uhr?

Teilnehmer/in A
Nein, da kommt leider der Handwerker. Er muss meine Heizung reparieren. Wie sieht es um 11 Uhr aus?

Teilnehmer/in B
Das geht leider nicht. Um 11 Uhr muss ich mit meiner Oma telefonieren. Was halten Sie von 12 Uhr?

Teilnehmer/in A
Ich muss leider von 12 bis 14 Uhr im Café arbeiten. Haben Sie um 15 Uhr Zeit?

Teilnehmer/in B
Nein, um 15 Uhr bin ich im Café mit Laura. Aber danach um 16 Uhr habe ich Zeit. Wie sieht es bei Ihnen aus?

Teilnehmer/in A
Ja, um 16 Uhr habe ich auch Zeit. Treffen wir uns um 16 Uhr.

Teilnehmer/in B
Sehr gut. Was können wir für die Party vorbereiten?

Teilnehmer/in A
Ich denke, wir sollten etwas zu essen und zu trinken vorbereiten.

Teilnehmer/in B
Das ist eine gute Idee. Wir brauchen auch Dekoration. Haben Sie Dekorationen zu Hause?

Teilnehmer/in A
Nein, leider nicht. Wir müssen Ballons kaufen gehen. Brauchen wir sonst noch etwas?

Teilnehmer/in B
Ja, ich denke, wir brauchen noch Becher und Teller.

Teilnehmer/in A
Das ist eine gute Idee. Die müssen wir auch kaufen.

Teilnehmer/in B
Gut, dann gehen wir am Samstag um 16 Uhr einkaufen und bereiten die Party vor.

Prüfer/in A
Vielen Dank. Wir sind am Ende der Prüfung. Auf Wiedersehen.

Modelltest 3

정답 해설 듣기 지문

Lesen

Teil 1

| 1 b | 2 a | 3 c | 4 b | 5 a |

Teil 2

| 6 a | 7 c | 8 b | 9 a | 10 c |

Teil 3

| 11 c | 12 b | 13 a | 14 b | 15 c |

Teil 4

| 16 e | 17 d | 18 X | 19 c | 20 a |

Hören

Teil 1

| 1 b | 2 c | 3 a | 4 a | 5 c |

Teil 2

| 6 b | 7 d | 8 e | 9 a | 10 h |

Teil 3

| 11 b | 12 c | 13 a | 14 b | 15 c |

Teil 4

| 16 Ja | 17 Nein | 18 Ja | 19 Ja | 20 Nein |

Schreiben

예시 답안

Teil 1

Hi, Christa! Ich bin aus dem Urlaub zurück und ich muss dir viel erzählen. Hast du am Samstag um 16 Uhr Zeit? Wollen wir uns im Stadtbräu treffen? Melde dich!

(30 Wörter)

Teil 2

Sehr geehrte Frau Gernot,

vielen Dank für die Einladung. Ich und meine Frau kommen gerne zur Feier. Ich hätte noch eine Frage. Könnten Sie mir bitte sagen, was für Essen es auf der Feier gibt?

Mit freundlichen Grüßen
...

(39 Wörter)

Sprechen

예시 답안

Einführung

Prüfer/in A
Herzlich willkommen zum Goethe-Zertifikat A2. Mein Name ist (Prüfer/in A) und das ist mein Kollege / meine Kollegin (Prüfer/in B).
Wie heißen Sie?

Teilnehmer/in A
Mein Name ist Teilnehmer/in A.

Prüfer/in A
Woher kommen Sie?

Teilnehmer/in A
Ich komme aus …

Prüfer/in A
Wo lernen Sie Deutsch?

Teilnehmer/in A
Ich lerne in der … Schule Deutsch.

Prüfer/in A
Vielen Dank. Und wie heißen Sie?

Teilnehmer/in B
Mein Name ist Teilnehmer/in B.

Prüfer/in A
Woher kommen Sie?

Teilnehmer/in B
Ich komme aus …

Prüfer/in A
Und wo lernen Sie Deutsch?

Teilnehmer/in B
Ich lerne in der … Schule Deutsch.

Prüfer/in A
Danke. Nun beginnt die Prüfung.

Teil 1

Prüfer/in A
Die Prüfung hat drei Teile.
Teil 1 ist ein Gespräch. Sie stellen sich vor. Eine / Einer fragt und der / die andere antwortet bitte auf die Fragen.
Wir geben Ihnen ein Beispiel.
Was für Kleidung tragen Sie am liebsten?

Prüfer/in B
Ich trage am liebsten schicke Kleidung. Am liebsten trage ich einen Rock und einen Pullover.

Prüfer/in A
Ah, sehr interessant. Danke.
Nehmen Sie vier Karten.
Wer möchte beginnen.
Fangen Sie bitte an.
Fragen Sie jetzt und (Teilnehmer/in A), antworten Sie bitte.

Teilnehmer/in B
Was ist Ihre Lieblingsjahreszeit?

Teilnehmer/in A
Ich mag den Herbst am liebsten, weil es nicht zu kalt und nicht zu heiß ist.

Teilnehmer/in B
Was macht man an Feiertagen in Ihrem Heimatland?

Teilnehmer/in A
An Feiertagen treffen sich alle bei den Großeltern zuhause und wir essen ganz viel.

Teilnehmer/in B
Das kenne ich. Wie sind Ihre Arbeitszeiten?

Teilnehmer/in A
Ich habe einen Nebenjob und ich arbeite jeden Samstag von 10 bis 20 Uhr.

Teilnehmer/in B
Wie haben Sie sich auf diese Prüfung vorbereitet?

Teilnehmer/in A
Ich habe viel Sprechen und Lesen geübt, weil ich das nicht so gut kann.

Prüfer/in A
Und jetzt Sie bitte. Fragen Sie.
(Teilnehmer/in B), antworten Sie bitte.

Teilnehmer/in A
Wie oft in der Woche kaufen Sie ein?

Teilnehmer/in B
Ich gehe einmal in der Woche Lebensmittel einkaufen und ich kaufe einmal im Monat Kleidung ein.

Teilnehmer/in A
Was ist Ihr Lieblingsfilm?

Teilnehmer/in B
Ich habe keinen Lieblingsfilm, aber ich mag Actionfilme.

Teilnehmer/in A
Welche öffentlichen Verkehrsmittel benutzen Sie?

Teilnehmer/in B
Ich fahre jeden Tag mit dem Bus zur Arbeit. Am Wochenende fahre ich manchmal mit der U-Bahn.

Teilnehmer/in A
Was machen Sie für Ihr Aussehen?

Teilnehmer/in B
Ich mache Sport und ich ernähre mich gesund, um schlank zu bleiben.

Prüfer/in A
Danke. Das war Teil 1.

Teil 2

Prüfer/in A
In Teil 2 erzählen Sie uns etwas über sich. Und wir hören zu.
Sie bekommen ein Aufgabenblatt.
Erzählen Sie. Was machen Sie oft am Wochenende?

Teilnehmer/in A
Ich wasche jedes Wochenende die Wäsche und putze das Badezimmer. Außerdem gehe ich meistens auf ein Date oder ich treffe mich mit Freunden. Meine Familie sehe ich nur selten, aber manchmal telefoniere ich mit meiner Mutter am Wochenende. Wenn ich meine Familie treffe, machen wir meistens einen Ausflug in die Natur oder wir gehen in ein Museum.

Prüfer/in A
Danke. Ich habe noch eine Frage. Was machen Sie normalerweise auf einem Date?

Teilnehmer/in A
Nichts Besonderes. Normalerweise gehe ich ins Café und in ein Restaurant. Hin und wieder gehe ich auch ins Kino oder ins Theater.

Prüfer/in A
Danke. Und nun Sie bitte.
Erzählen Sie. Wie reisen Sie gerne?

Teilnehmer/in B
Ich reise am liebsten in eine Stadt. Dort gibt es am meisten zu sehen. Wenn man in eine Stadt reist, kann man immer auch in die Natur fahren, wenn man möchte. Aber für mich ist die Kultur in den Städten viel interessanter. Ich sehe mir gerne alte Kirchen und Museen an, weil ich mich für Geschichte interessiere. Am liebsten reise ich mit meiner Familie oder meinen Freunden. Ich esse nicht gerne alleine, deshalb brauche ich immer jemanden bei mir.

Prüfer/in A
Danke. Ich habe noch eine Frage. Wohin werden Sie als Nächstes reisen?

Teilnehmer/in B
Ich weiß es noch nicht genau, aber ich möchte gerne nach New York oder nach Peru reisen.

Prüfer/in A
Vielen Dank. Das war Teil 2.

Teil 3

Prüfer/in A
In Teil 3 planen Sie etwas zusammen. Sie bekommen ein Aufgabenblatt. Ihr Freund Ali hatte einen Unfall und ist im Krankenhaus. Sie wollen ihm ein Geschenk bringen. Was können Sie ihm schenken? Machen Sie Vorschläge.

Teilnehmer/in A
Ali ist im Krankenhaus. Möchten Sie ihn besuchen gehen?

Teilnehmer/in B
Ja, das ist eine gute Idee. Sollen wir ihm ein Geschenk mitbringen?

Teilnehmer/in A
Ja, ich denke, ihm ist bestimmt langweilig. Wie wäre es, wenn wir ihm ein Buch oder eine Zeitschrift bringen?

Teilnehmer/in B
Ja, darüber freut er sich bestimmt. In meinem Heimatland bringt man immer Blumen ins Krankenhaus. Sollen wir ihm auch Blumen mitbringen?

Teilnehmer/in A
Hm, ich weiß nicht, ob Ali Blumen mag. Ich denke, er freut sich mehr über Snacks.

Teilnehmer/in B
Oh, da haben Sie recht. Wie wäre es mit Eis?

Teilnehmer/in A
Das ist eine Spitzenidee. Vielleicht sollten wir ihm auch etwas Gesundes bringen.

Teilnehmer/in B
Ja, wir könnten ihm auch Äpfel mitbringen. Was halten Sie davon, wenn wir ihm auch ein paar Spiele bringen?

Teilnehmer/in A
Das finde ich toll. Ich habe ein paar Kartenspiele zuhause. Die kann ich mitbringen.

Teilnehmer/in B
Ich habe ein Brettspiel, das ich ihm leihen kann.

Teilnehmer/in A
Sehr gut. Also bringen wir ihm ein Buch, Eiscreme, Äpfel und Spiele.

Teilnehmer/in B
Ja, ich denke, das ist genug. Wir sollten ihn anrufen und fragen, wann wir ihn besuchen können.

Teilnehmer/in A
Ja, Sie haben recht.

Teilnehmer/in B
Gut, dann rufe ich Ali gleich an.

Prüfer/in A
Vielen Dank. Wir sind am Ende der Prüfung. Auf Wiedersehen.

Memo